小学校社会科カリキュラムの新構想

地理を基盤とした
小学校社会科カリキュラムの提案

佐藤 浩樹 〈著〉

学文社

はしがき

　約10年ごとに学習指導要領が改訂されると，研究・実践の関心は新しく示された内容や視点に集まり，削除された内容や実践は関心の外となって忘れ去られていく。平成元年版学習指導要領第4学年に「現代の開発」という内容があった。この内容は，地域学習のまとめとして，地域の社会問題を取り上げて社会参画的な学習を展開できる内容だと考え，「新安中駅前の開発」という単元を開発し実践を行い，子どもたちの追求する姿に手応えを感じた。しかし，平成10年版学習指導要領では，特にその理由が説明されることなくこの内容は縮減・統合されてしまった。その内容を大切だと考え，時間と労力をかけて研究・実践を行ってきたことが否定されたようで寂しい気持ちになった。と同時に，本当にこれでいいのかという思いがこみ上げてきた。「現代の開発」の内容は，現代における地域の社会問題を取り上げて考える地域学習のまとめとして位置づけられる重要な内容であると今でも考えている。

　全国の教室で展開される授業の質的向上を図っていくことは大事なことであるし，実践者としてはそれが当然のことであろう。しかし，学習指導要領で取り上げられなければ，この内容は子どもたちに考えさせるべきものであると思っても実践することはできない。小学生の子どもたちに学習させるべき社会科の内容は何か。小学校社会科の内容構成はどうあるべきか。これが本書の問題意識の根幹である。本書では，社会科を日本の子どもたちにとって今まで以上に価値のあるものにするために，小学校社会科カリキュラムのあるべき姿を追求し，そのあり方を提案している。

　本書の特色は大きく次の3つにまとめられる。第1は，小学校社会科に対する有用意識に関する調査をもとに，社会的事象を総合的に理解して公民としての資質・能力の基礎を培う小学校社会科おける地理の重要性を指摘し，地理を基盤とした小学校社会科カリキュラムについて考察していることである。第2

は，同心円的拡大主義を基礎として，身近な地域，市区町村，都道府県，国土，世界の各地域スケールにおいて地理的内容を中心にカリキュラムについて検討し，そのあり方を論じていることである。第3は，小学校社会科の全体像を視野に入れ，小学校社会科のあり方について論じた内容に基づいたカリキュラムを具体的に提案していることである。

小学校社会科カリキュラムのあり方を論じ，カリキュラムの全体構想を示すことは簡単なことではなく，一面的で不十分なものであることは自覚しているが，小学校社会科カリキュラムのあり方について提案性のある内容にはなっていると考えている。本書が小学校社会科カリキュラム研究の活性化につながり，日本の小学校社会科教育の発展にわずかでも貢献できればと願っている。

各章の初出一覧は以下のとおりである。出版にあたり表現を整えるとともに，文章には大幅な加筆・修正を行っている。また，執筆からやや時間が経過している章・節については，付記を加筆したところもある。学会誌に投稿した研究論文と雑誌論文とが混ざっているためやや統一感に欠け，内容に一部重なりがある部分もあるが，すべて地理を基盤とした小学校社会科カリキュラムのあるべき姿を模索しているという問題意識は共通している。

|第1章| 書き下ろし
|第2章| 第1節：「社会科教育の意義・価値についての小学生の意識に関する研究―小学校社会科カリキュラム改善に向けて―」『地理教育研究』No.13，pp.9-16，2013.10
　　　　第2節：「社会科教育の意義・価値に関する大学生の意識―小学校社会科に対する意識を中心として―」『地理教育研究』No.16，pp.17-24，2015.3
|第3章| 第1節：「入門期における小学校社会科学習の課題とあり方―身近な地域の学習の意義と重要性―」『地理教育研究』No.15，pp.10-17，2014.10
　　　　第2節：「小学校社会科における社会形成参画学習のあり方とカリキュラム―地域意識の発達傾向に基づいて―」『地理教育研究』No.6，pp.1-7，2010.3
　　　　第3節：「小学校社会科地理的学習における社会参画学習のあり方」『群馬大学社会科教育論集』No.19，pp.86-91，2012.3

　　　　　第4節：「PISA型読解力を育てる基礎基本問題非連続型テキストの開発と指導ポイント」『社会科教育』No.581, pp.10-13, 2007.8
　　　　　第5節：「"年間計画"を構想する！一番大事な点はどこか？　② 大単元と小単元の関係をどう捉えるといいか」『社会科教育』No.657, pp.10-11, 2014.1

第4章　第1節：「小学校社会科における自都道府県学習の意義とあり方」『地理教育研究』No.21, pp.29-32, 2017.10
　　　　　第2節：「地域素材を教材化する手順とは？　県勢を測る尺度とは」『社会科教育』No.670, pp.22-23, 2015.12

第5章　第1節：「小学校社会科における地理的学習のあり方と方法—地誌的学習の視点を取り入れた国土に関する学習を中心に—」（第3章）『地理教育研究』No.3, pp.26-32, 2009.3
　　　　　第2節：「目からウロコのとっておき授業　定着が難しい項目はこうして教える　47都道府県の名称と位置」『社会科教育』No.681, pp.76-78, 2016.1
　　　　　第3節：「「日本地理かるた」を活用した小学校社会科授業の実践」山口幸男編『社会科教育・地理教育の理論と実践』古今書院, pp.121-132, 2012.11

第6章　第1節：「小学校社会科における地理的学習のあり方と方法—地誌的学習の視点を取り入れた国土に関する学習を中心に—」『地理教育研究』No.3, pp.26-32, 2009.3
　　　　　第2節：「災害単元と社会科のポリシー＝見直し点・強調点　5年「国土地形」見直し点・強調点」『社会科教育』No.628, pp.70-72, 2011.8
　　　　　第3節：「5年『日本の気候の概要』でする地図指導」『社会科教育』No.592, pp.48-49, 2008.9
　　　　　第4節：「小学校『教育内容の見直し』にどう対応するか—単元別授業モデル　小学5年『国土や自然などの様子』—国土や防災に関する内容を充実した授業モデル—」『社会科教育』No.692, 2016.12

第7章　第1節：「小学校社会科における世界地誌的学習のカリキュラムと実践」『地理教育研究』No.8, pp.9-17, 2011.3
　　　　　第2節：「小学校社会科における世界地誌的学習のカリキュラムと実践」（第5章）『地理教育研究』No.8, pp.9-17, 2011.3
　　　　　「地図指導とこんなのご存知情報　"シミュレーション旅行法"をどう使うか」『社会科教育』No.466, pp.26-28, 1998.12

第8章　「小学校社会科歴史学習における地図帳の活用」『群馬社会科教育研究』第2号, pp.63-67, 2014.1
　　　　　「歴史上の"モノ・ヒト・コト"にかかわる面白ウラ話　交通にかかわる面白

ウラ話」『社会科教育』No.667, pp54-55, 2014.11
「生糸の輸出を通して日本と世界の関わりを世界地図上で理解する」『社会科教育』No.707, pp.118-119, 2018.3

第9章 「同心円的拡大主義の再評価―地理を基盤とした小学校社会科カリキュラムとして―」山口幸男他編『地理教育研究の新展開』古今書院, pp.208-218, 2016.11

第10章 「平成29年版小学校社会科学習指導要領の内容構成に関する考察―地理的内容を中心に―」『地理教育研究』No.23, 2018.10

目　次

はしがき 〈i〉

第1章　小学校社会科カリキュラム研究の課題と意義 …………………… 1
第1節　社会科カリキュラム研究の現状と課題　〈1〉
第2節　本研究の目的と内容構成　〈7〉

第2章　小学校社会科学習の意義・価値に関する意識 …………………… 10
第1節　社会科学習に対する小学生の意識　〈10〉
第2節　小学校社会科に対する大学生の意識　〈25〉

第3章　地域学習の新構想 …………………………………………………… 41
第1節　入門期における小学校社会科学習の課題とあり方　〈41〉
第2節　社会参画学習のあり方とカリキュラム　〈56〉
第3節　小学校社会科地理的学習における社会参画学習のあり方　〈67〉
第4節　社会参画学習の教材開発　〈77〉
第5節　地域学習の単元構成の改善と工夫　〈81〉

第4章　自都道府県学習の新構想 …………………………………………… 84
第1節　自都道府県学習の意義とあり方　〈84〉
第2節　自都道府県学習改善の視点　〈96〉

第5章　47都道府県の学習の新構想 ………………………………………… 99
第1節　「47都道府県の名称と位置」の学習の位置づけと展開　〈99〉
第2節　「47都道府県の名称と位置」の指導のポイント　〈102〉
第3節　「日本地理かるた」を活用した47都道府県の学習　〈105〉

- 第6章 国土学習の新構想 …………………………………………… *116*
  - 第1節 地誌的学習の視点を取り入れた国土・産業学習の提案 〈*116*〉
  - 第2節 「国土の地形」に関する学習の改善点・強調点 〈*122*〉
  - 第3節 「国土の気候」に関する学習の改善点・強調点 〈*125*〉
  - 第4節 国土の自然環境と防災に関する学習のあり方 〈*129*〉

- 第7章 世界地誌学習の新構想 …………………………………… *134*
  - 第1節 小学校における世界地誌学習のあり方とカリキュラム 〈*134*〉
  - 第2節 シミュレーション旅行を取り入れた世界地誌学習の実践 〈*145*〉

- 第8章 地理的要素を取り入れた小学校歴史学習―歴史学習における地図帳の活用― …………………………………………… *153*

- 第9章 同心円的拡大主義の再評価―地理を基盤とした小学校社会科カリキュラムとして― ……………………………………… *163*

- 第10章 平成29年版小学校社会科学習指導要領の内容構成に関する考察―地理的な視点から― ………………………………… *175*

あとがき 〈*187*〉

索　引 〈*189*〉

第1章
小学校社会科カリキュラム研究の課題と意義

第1節　社会科カリキュラム研究の現状と課題

　比較的自由にカリキュラムを組むことができるアメリカなどに比べ，日本では教科カリキュラムの研究は低調であるとされる。

　第1の要因として学習指導要領の存在がある。どんなに立派な教科カリキュラム研究を行っても，法的拘束力をもつ学習指導要領が示されれば，各学校のカリキュラムは学習指導要領に基づいて作成される教科書と教科書会社が作成する年間指導計画案に沿ったものとなる。教科内容をどのように構成するかというカリキュラム研究は教科教育研究にとって最も根本的なものであるにもかかわらず，研究の意義・価値を見いだしにくいものとなっている。

　第2の要因はカリキュラム研究の困難さである。教科カリキュラム開発は，教科の本質論，子どもの実態，授業の実態と課題，社会や時代の要請，教育の潮流などさまざまな背景の分析をふまえて目標を設定し，学習内容を選択・配列する必要がある。特に社会科は広範な内容と複雑で変化の激しい社会を学習対象としているため，他教科に比べてカリキュラム開発をさらに難しくしている。そのため，多くの教師の意識は，カリキュラムをどう編成するかには向かず，学習指導要領で示された「すでにあるカリキュラム」をどう実践するかに注がれている。資質・能力を重視し，カリキュラムマネジメントを推奨する平成29年版学習指導要領においても，教科内容をどう構成するかという点については踏み込んでいない。学習指導要領などの公的カリキュラムを教師が自らの問題関心や教育観，価値観などからゲートキーピングして実際に行う主体的カリキュラムを重視する主張もあるが，主体的カリキュラムの基盤は学習指導要領にある。

　そのようななか，カリキュラム概念の広がりによりカリキュラム研究が注目

され，社会科教育においてもカリキュラム研究がかなり行われるようになっている。その中心は佐長（2002）が重要であるとした単元レベルのカリキュラム開発研究である。単元レベルのカリキュラム開発研究は実践者ができる現実的で非常に意義ある研究であるが，このような研究が学会で発表されると，学習指導要領のどこに位置づくのかという質問が出されることがあり，学習指導要領の存在の大きさと教科カリキュラム研究の無力さを感じることも少なくない。しかしながら，教科カリキュラム研究は教科のあり方を考える重要な研究である。本書で対象とする小学校社会科においても多くのカリキュラム研究が蓄積されてきている（臼井・木村2001，川口2012）。それらの小学校社会科カリキュラム研究の総括的な考察をもとに，小学校社会科カリキュラム研究について簡単に整理したい。小学校社会科カリキュラム研究を概観すると以下の6つのタイプに分類できる。

(1) 外国の社会科カリキュラムの研究

諸外国の社会科カリキュラムを分析し，その特色を明らかにして，日本の社会科のあり方やカリキュラムへの示唆を与えるものである。例えば，志村（2010）は『ナショナルカリキュラム地理』と授業実践を分析し，イギリスの初等地理教育カリキュラムが多角的同心円拡大法に基づきながらカリキュラム開発原理や技能の役割などが大きく変化し，各校で柔軟なカリキュラム編成が行われていることを明らかにしている。また，安藤（2005）は同心円的拡大の視点から日本とアメリカの小学校社会カリキュラムを比較し，日本の小学校社会科に対して直接経験の重視，歴史学習の充実，知識を媒介とした思考力などの能力育成の3点を指摘している。近年では，佐藤（2018）が，イングランド地理教育の内容構成の分析をもとに，世界像形成と社会認識形成の観点からグローバル化に対した小学校社会科のあり方について提言を行っている。外国の社会科カリキュラム研究は日本の学習指導要領を相対化できるため学ぶことは多く，カリキュラム開発の方向性を示す基盤となる研究として非常に有意義であるが，具体的なカリキュラムへの言及までは視野に入っていない研究が少な

くない。

(2) テーマを設定した社会科カリキュラム研究

　長川（2015）は小学校社会問題学習をテーマとし，学年段階に応じた社会問題の選択と学習展開を示しながら小学校社会科の内容編成原理を提案している。上之園（2000）は小学校歴史学習をテーマとし，歴史への興味・関心と見方・考え方を育成するための内容の厳選とカリキュラム構成を提案している。長川の研究は精緻な理論研究に基づいて内容編成原理を構築している点，上之園の研究は内容厳選の視点に基づいて3つの具体的なカリキュラム試案を提示している点が評価できる。このような小学校現場に籍を置く実践的な研究者によるカリキュラム研究の積み重ねが社会科カリキュラムの改善つながっていくものと考えている。これらの研究は，カリキュラム研究の内容を社会科カリキュラム全体のなかにどう位置づけるかが課題となる。

(3) 特定の視点から社会科の全体像を検討するカリキュラム研究

　小原（2008）は，社会科教育で育成する市民的資質をユニバーサル・シチズンシップととらえ，環境拡大法をシークエンス，主スコープを「経済」「民主主義と法」「社会と文化」「環境」「国際関係と平和」「学校特定の課題」，副スコープを「空間」「時間」「社会」として小・中学校社会科カリキュラム構想案を提示している。小原の研究は社会科カリキュラムの全体構想を示している点で意義は大きいが，社会科教育をユニバーサルシチズンシップの育成を目標とする教科ととらえるため現代社会の特質や課題が内容の中心となり，地理的内容，歴史的内容が極端に少ない内容構成となっている。また，唐木（2015）は人口減少社会に対応した社会科カリキュラムの見直しが必要であるとし，「つくる」という視点から内容を「地域づくり学習」「くにづくり学習」「ともに生きる社会づくりの学習」の3つに括った小学校社会科カリキュラムを構成している。わが国の歴史の内容を「くにづくり学習」のなかに位置づけるとともに，都道府県学習や国土学習における人口減少に関わる内容を重視しているなど注

目すべき点が多く提案されている。これらの研究は新たな社会科の全体像を提案しており，今後の社会科カリキュラム編成に大きな示唆を与えるが，実現可能性という点では課題が残る。

(4) 小・中・高一貫カリキュラム研究

　山口他（2008）による地理教育の一貫カリキュラムは小・中・高一貫カリキュラム研究の代表であり，地理教育の本質的考察からスコープとシークエンスの原理を策定し，本格的な一貫カリキュラム試案を提案している。小学校段階においては，4年で近隣地域の学習を，5年で日本の諸地域の学習と貿易から見た日本と世界の学習を，6年で近隣諸国の学習を取り入れているところに特色があり，時数的・内容的に実現可能な指導計画を示している。

　また，伊藤（2003，2004）は地理の有用性の観点から「旅行」を活用した小中高の地理教育一貫カリキュラムを構想し，具体的な提案を行っており，西村（2014）は社会形成力育成をめざして政治学習を中心とした小中高一貫カリキュラム開発研究を行っている。これらは地理，歴史，公民の各分野における具体的カリキュラムが示された価値ある研究であり，社会科カリキュラム全体の構成原理との整合性をどうもたせていくかが課題となる。

(5) カリキュラムの歴史的研究

　過去に編成された社会科カリキュラムを分析し，現在の社会科カリキュラムに示唆を与えるものである。これは初期社会科のカリキュラムを対象とした研究を中心にたいへん多くの研究があるが，比較的近年の小学校社会科カリキュラムを対象としたものに峯岸（2015）の研究がある。峯岸は1978年版の兵庫県日高町立府中小学校における社会科カリキュラム編成を分析し，地域に根ざした小学校社会科カリキュラムの構成や編成の方法原理を明らかにしている。歴史的研究は過去のカリキュラムの内容や編成過程を明らかにすること自体に目的がある研究が多い。それは価値ある研究ではあるが，外国のカリキュラム研究と同様に現在の社会科教育カリキュラム構成への具体的示唆が弱いことが

課題である。

(6) 新たなカリキュラム構成原理を提案する研究

小学校社会科カリキュラムは基本的に同心円的拡大主義に基づくカリキュラムであるとされるが，それに代わるカリキュラム構成原理を提案するものである。これには，片上（2003, 2011）による入れ子型カリキュラムがある。入れ子型カリキュラムとは，社会研究科としての社会科を提唱する片上が示した，単線型の同心円的拡大方式ではなく，身近なところから世界へと至る軸とそれとは逆方向の世界から身近なところへ至るもう一つの軸の二重構造型のカリキュラムである。また，竹内（2014）は，子どもを重層的地域形成主体として育成することが重要であるとし，身近な地域，日本，国家，地球という4つの空間規模について，最適な空間規模を基礎としながらも柔軟に規模を取り扱う多焦点型内容構成によるカリキュラムを提案し，身近な地域を軸にした社会科・地理カリキュラム試案を提示している。これらは小学校社会科全体を視野に入れたカリキュラム研究であり，小学校社会科カリキュラム原理のあり方を明確に示した研究として注目できる。

以上述べた小学校社会科カリキュラム研究は，いずれも小学校社会科カリキュラムのあり方を論じ，日本の小学校社会科カリキュラム改善の方向性を示す価値ある研究であることは疑いない。そのうえで，小学校社会科カリキュラム研究では，伊藤（2012）がイギリスの地理教育カリキュラムの論争をもとに日本の地理教育に示唆することとしてあげた2つのことが重要であると考える。伊藤の指摘は，第1は地理教育の目的について多様な立場から議論がなされていること，第2は望ましいカリキュラムの具体像を示すことを通して地理教育についての議論を促進しようとしていることである。伊藤は地理教育カリキュラムについて論じているが，本書がテーマとしている小学校社会科カリキュラムについても同じことがいえる。すなわち，多様な立場から小学校社会科カリキュラムの具体像を示してそのあり方について議論する必要があるのである。多くの社会科教育の研究者・実践者が社会科の内容構成・カリキュラムはこう

あるべきだという考えをもっているであろう。それを出し合い議論し合うことが必要ではないか。もちろん一人の実践者や研究者が小学校社会科の全体像を示すことは不可能であろう。研究としての緻密さ・完成度を追求すればテーマを限定したカリキュラム研究になることは避けられないし，そのような研究も重要である。しかし，研究としてのまとまりが不十分であっても，小学校社会科カリキュラムの大きな方向性とカリキュラムの全体的な具体像を示すことが必要であると考える。

　小学校社会科の全体像を具体的に提案した研究には，21世紀の社会科を創る会・北 (1999) による研究がある。この研究に対して岩田 (1999) は，学習指導要領の作成に影響を与えることのできるカリキュラム開発研究の継続性が日本の社会科の発展のために不可欠であるとし，カリキュラム開発研究の一里塚と評価した。北 (1999) は，この研究内容が「カリキュラム開発」に値するのか，また研究のスタイルをとっているのかどうかなど，不安な要素がないわけではないと述べているが，このような研究を継続的に行っていく必要がある。しかし，21世紀の社会科を創る会・北 (1999) による研究以降，このような小学校社会科教育カリキュラムの全体像を提案する研究はほとんどみられない。

　21世紀の社会科を創る会・北 (1999) の研究で示されたカリキュラムは，学習指導要領の内容構成にきわめて近く，現実的で実現可能なものではあるが，新たなカリキュラム構成原理を示すようなものではない。逆に現行学習指導要領をまったく視野に入れないカリキュラムを提案してもそれが理論的に優れたものであったとしても机上の空論として学校現場では受け入れられないであろう。ここが日本のカリキュラム研究の難しいところである。本書の基本姿勢は，学習指導要領を基盤としながらも筆者が考える理想の小学校社会科カリキュラムを追究し，理想を追究しながらも実現可能性を視野に入れた小学校社会科カリキュラムの新構想を提案するというものである。

　平成29年版学習指導要領は，各教科で身につけるべき資質・能力が重視されたコンピテンシーベースのカリキュラムであるとされる。しかし，資質や能力はそれだけを取り立てて指導して身につけるものではなく，教科内容を学ぶ

なかで内容と関連して身についていくものである。特に内容教科である社会科においては，どんな内容をどんな観点からどんな順番で学習するかというカリキュラム構成はきわめて重要である。平成29年版社会科学習指導要領では，明確に内容構成原理が示されたが，それが本当に妥当なものであるのか小学校社会科のカリキュラム構成について改めて考える必要があるだろう。本書が小学校社会科カリキュラムのあり方について議論するきっかけとなることを期待している。

第2節　本研究の目的と内容構成

　本書の目的は，小学校社会科カリキュラムについて，地理的学習のカリキュラムを中心として地域・市町村，都道府県，国土，世界のスケールごとにそのあるべき姿を考察し，小学校社会科カリキュラムのあり方と全体像を具体的に提案することである。

　本書の構成は以下のとおりである。まず第1章で小学校社会科カリキュラム研究を概観し，本研究の問題意識を提示して，本書の目的と内容構成を示す。第2章では，小学校社会科学習の意義・価値（有用性）に関する小学生と大学生の意識調査結果を考察し，有用意識という観点から小学校社会科カリキュラム改善の方向性を示す。第3章では，小学校社会科地域学習について，社会科第1単元としての身近な地域の学習の意義および地域学習にとってきわめて重要な視点である社会参画学習のあり方を考察し，小学校社会科地域学習のカリキュラムの新構想を提案する。第4章では，自都道府県学習について，その変遷と意義を考察し，自都道府県学習のあり方とカリキュラムの構想を示す。第5章では，47都道府県学習のあり方とカリキュラムについて，「日本地理かるた」を活用した実践をふまえて提案する。第6章では，国土学習のあり方について考察し，具体的な国土学習のカリキュラム構想を提案する。第7章では，世界に関わる学習について，その変遷と課題を考察し，社会科教育カリキュラム全体構成を視野に入れて世界に関わる学習のカリキュラム案を示す。第8章

では歴史的学習における地図帳の活用を通して，地理的要素を取り入れた歴史的学習のあり方について述べる。第9章では，小学校社会科カリキュラムの構成原理である同心円的拡大主義についてその意義を再検討し，同心円的拡大主義に基づく地理を基盤とした小学校社会科カリキュラムの全体像を提案する。最後の第10章では，平成29年版学習指導要領の内容構成を考察して課題を指摘し，小学校社会科カリキュラムのあり方を提言する。

　本書の研究内容がカリキュラム研究に値するものかはわからないが，研究としての完成度・精緻性が不十分なものであっても小学校社会科カリキュラムのあり方についての問題提起にはなっていると考える。

【参考文献】
安藤輝次「同心円的拡大に関する日米教科書の比較―小学校社会科カリキュラム研究（その1）―」『奈良教育大学紀要』54（1）（人文・社会），pp.83-91, 2005.10
伊藤直之「イギリスにおける地理カリキュラム論争―スタディッシュとランバートの教育論に着目して―」『社会科研究』第76号, pp.11-20, 2012.3
伊藤裕康「『旅行』を活用した地理学習のカリキュラム構想」『社会系教科教育学研究』第15号, pp.1-12, 2003.10
伊藤裕康「小学校における地理教育カリキュラムの開発に関する一考察―小学校社会科を中心として―」『香川地理学会会報』No.24, pp.39-46, 2004.6
上之園強「小学校歴史学習の内容厳選とカリキュラム構成―歴史への興味・関心と見方・考え方を育成するために―」『社会科研究』第53号, pp.63-72, 2000.11
臼井嘉一・木村博一「わが国の社会科に基づいたカリキュラム研究」全国社会科教育学会編『社会科教育学研究ハンドブック』明治図書, pp.58-78, 2001.10
小原友行「小・中学校社会科カリキュラムをどう変えるか―ユニバーサル・スタンダードを求めて―」『社会系教科教育学研究』第20号, pp.213-220, 2008.12
スティーブン・J・ソーントン著，渡部竜也他訳『教師のゲートキーピング―主体的な学習者を生む社会科カリキュラムに向けて』春風社, 2012.10（原著2004）
川口広美「『カリキュラム研究』からみた社会科研究の特質と課題：2000年-2011年掲載論文の検討をもとに」『社会科教育論叢』第48号, pp.37-46, 2012.3
片上宗二「二一世紀社会科の挑戦」社会認識教育学会編『社会科教育のニュー・パースペクティブ』明治図書, p.40, 2003.3
片上宗二『「社会研究科」による社会科授業の革新―社会科教育の現在，過去，未来―』風間書房, pp.31-32, 2011.9
佐藤克士「小学校社会科はグローバル化にどのように対応するか―イングランド地理教育・空間論研究の成果を視点にして―」『社会科教育研究』No.134, pp.61-71, 2018.9
佐長健司「教師による社会科カリキュラム開発の実際的方法」『社会科教育研究』No.87,

pp.75-86，2002.3
唐木清志「人口減少社会における社会科の役割―『社会的課題』『見方や考え方』『協同学習』の可能性―」『社会科教育研究』No.125，pp.21-32，2015.10
竹内裕一「地域学習を軸とした社会科・地理教育カリキュラムの創造」『千葉大学教育学部紀要』第62巻，pp.1-12，2014.3
長川智彦「社会問題学習のカリキュラム構築に向けた小学校社会科の内容編成原理―学年の発達段階に応じた社会問題の選択と学習展開―」『社会系教科教育学研究』第27号，pp.31-40，2015.12
西村公孝『社会形成力育成カリキュラムの研究―社会科・公民科における小中高一貫の政治学習』東信堂，2014.1
21世紀の社会科を創る会・北俊夫編「ニュー社会科のカリキュラムをどう開発するか」『社会科教育』('99年4月号臨刊）No.472，1999.4
峯岸由治「兵庫県日高町立府中小学校における社会科カリキュラム編成：1978年版カリキュラムを手かがりに」『教育学論究』第7号，pp.167-178，2015.12
山口幸男・西木敏夫・八田二三一・小林正人・泉貴久編『地理教育カリキュラムの創造―小・中・高一貫カリキュラム―』古今書院，2008.1

第 2 章

小学校社会科学習の意義・価値に関する意識

第1節　社会科学習に対する小学生の意識

(1) はじめに

　社会科教育のカリキュラム編成や社会科授業の展開において，児童・生徒の意識を把握しておくことは基礎的研究として重要なことであり，多くの研究が積み重ねられている。それらの研究は，社会科教育に関する興味・関心，知識・理解，能力・技能，態度・行動などさまざまな観点から調査されているが，児童・生徒が社会科教育の意義・価値をどうとらえているかという根本的な観点からの調査は多くなかった。児童・生徒が社会科教育に対してどのような意義・価値を見いだしているか，また社会科で学んだことがこれからの自分にどのように役立つと感じているかという社会科教育の意義・価値に関する意識（以下，有用意識）は，社会科の存在意義の根幹に関わる意識であり，カリキュラム編成の基礎となる重要な意識である[1]。本節では，社会科に対する有用意識について調査・考察し，社会科教育のカリキュラムのあり方について提言を行う。

　小学生の社会科学習に対する有用意識を調べた調査として，文部科学省（2003）による教育課程実施状況調査がある（表2.1.1，表2.1.2）[2]。この調査によれば，社会科を勉強すればふだんの生活や社会に出て役立つと答えている児童は，小学校6年生が65.2％である[3]。

表2.1.1　「○○の勉強をすれば，私のふだんの生活や社会に出て役立つ」と答えた児童・生徒の割合

	国語	社会	算数	理科
小学校5年	75.6％	74.9％	79.1％	57.6％
小学校6年	75.5％	65.2％	79.2％	50.5％
中学校1年	72.4％	53.2％	67.7％	41.5％
中学校2年	71.4％	48.2％	59.6％	39.9％
中学校3年	74.4％	60.0％	52.7％	40.0％

これは理科よりは高いが国語や算数よりも低く，中学校2年生にかけて50％以下にまで低下している。社会科に対する意識を詳しくみると，社会科の勉強は大切であるという意識は小学校6年生で82.6％と高い値を示すが，それに比べて社会科の勉強が仕事や社会で役立つという意識は低く，社会科の学習が有用

表2.1.2　小学生の社会科に対する意識

	小学校5年	小学校6年
社会科の勉強が好きだ	54.7％	56.9％
社会科の勉強は大切だ	84.6％	82.6％
社会科の勉強をすれば，私の好きな仕事につくことに役立つ	60.7％	46.6％
社会科を勉強すれば，私のふだんの勉強や社会に出て役立つ	74.9％	65.2％
社会科を勉強すれば，私は，社会の一員としてよりよい社会を考えることができるようになる	65.1％	62.4％

＊数値は，表2.1.1，表2.1.2とも，「そう思う」「どちらかと言えばそう思う」の割合を合計したものである。（4段階調査）
出所：平成15年度小・中学校教育課程実施状況調査質問紙調査集計結果（国立教育政策研究所教育課程センター，2005）より筆者作成

意識を醸成するには至っていない。社会の勉強をすれば社会の一員としてよりよい社会を考えることができるようになると思う児童は62.4％であり，公民的資質の育成を目標とする社会科教育としては不十分な値であろう。

　小学校5，6年生の社会科の内容項目（小単元）ごとに普段の生活や社会生活で役立つか聞いた質問では，小学校5年生ではほとんどの内容項目で役立つと答えた児童が50％を超えているが，小学校6年生では50％を下回る内容項目が多い。特に歴史的学習では近代以前の内容を中心に役立たないと答えている児童のほうが多い内容項目も目立っている。内容項目ごとの調査では，歴史的内容を中心に社会科に関する有用意識について課題があることがより明確に示されているといえる[4]。

　しかし，別の調査では「社会の授業で学習したことは，普段の生活や社会に出たときに役立つと思う」という質問に，93％の児童が肯定的な回答（肯定的63％，やや肯定的30％（4段階調査））をしている結果も出ており[5]，社会科教育の有用意識については，まだ十分に解明されているとはいえない状況である。また，両調査とも，小学校高学年の学習内容について調べたもので，中学年の

学習内容については調査が行われておらず，小学校社会科の全内容を対象として有用意識を明らかにする必要がある。さらに，調査結果の考察においては，結果に基づいて社会科学習の課題を指摘し，授業改善に向けた提言がなされているが，カリキュラムの改善に向けた言及はほとんどなされていない。

そこで，本節では，小学校のすべての社会科学習を調査対象として小学生の社会科教育についての意義・価値に関する意識（有用意識）を調査してその傾向と課題を明らかにし，小学校社会科のカリキュラム改善を視野に入れて考察を行うことにする。

(2) 調査の概要

社会科教育の有用性については，山口（2008）が，地理教育の有用性として，①生活実用的有用性，②社会的問題解決的有用性，③人間存在論的有用性（人間・社会の存在の根源に関わる有用性）の3つをあげている。これらは，地理教育だけにとどまるものではなく，社会科教育の有用性でもあり，本節では山口の示した3つの有用性を援用して調査項目を設定することとした。

調査は，小学校6年生を対象とし，小学校のすべての社会科学習が終了したあとに，小学校3～6年の社会科学習を振り返り，小学校社会科の3～6年の学習内容について，大単元（学習指導要領の内容項目）ごとに，3つの有用性に基づいて設定した次の①～③の質問に対して5段階で答える方法で行った。

①この学習内容は，生活に役立ったり，生活を豊かにしたりすると思いますか。

②この学習内容は，社会のいろいろなことを知り，問題を解決したりするのに役立つと思いますか。

③この学習内容は，これからの自分の生き方を考えていくのに役立つと思いますか。

また，学年ごとに，役立つと思った学習内容とそう考えた理由を自由記述する調査も併せて行った。次頁に示したのは，3年の学習内容についての安中市の児童向けの調査用紙である（4～6年の内容についても同様の調査用紙があり，

氏名 ☐

　このアンケートは，小学生の社会科学習に対する意識を調査するものです。3年生から6年生までの社会科学習をふりかえって答えて下さい。5～1の中であてはまるものを選ぶ質問では，次の基準で選んで答えて下さい。

> 5 とてもそう思う　　4 そう思う　　3 どちらともいえない　　2 あまりそう思わない
> 1 そう思わない

I　3年生の社会科学習について

1　3年生の社会科では，下の表の左側の1～3の内容について学習をしました。それぞれの学習内容について，①～③の質問に答えてください。当てはまる番号を選んで〇をつけてください。

質　問 学習内容	①この学習内容は，生活に役立ったり，生活を豊かにしたりすると思いますか。	②この学習内容は，社会のいろいろなことを知り，問題を解決したりするのに役立つと思いますか。	③この学習内容は，これからの自分の生き方を考えていくのに役立つと思いますか。
1　しらべてみよう 　わたしたちのまち 　(1) がっこうのまわり 　　のたんけん 　(2) 安中市ってどんな 　　まち	5　4　3　2　1	5　4　3　2　1	5　4　3　2　1
2　はたらく人にあったよ 　(1) スーパーマーケッ 　　トのひみつ 　(2) 農家のしごと 　(3) かん電池をつくる工場	5　4　3　2　1	5　4　3　2　1	5　4　3　2　1
3　安全なくらし 　をめざして 　(1) 火事からくらしを 　　まもる 　(2) けいさつのしごと	5　4　3　2　1	5　4　3　2　1	5　4　3　2　1

2　3年生の社会科学習の内容で，「生活に役立つ」「社会の中で問題を解決するのに役立つ」「これからの自分にとって役立つ」と思った学習について，その内容やそう考えた理由を簡単に書いて下さい。

一人が3～6年まで計4枚の調査用紙に回答することになる)。

調査対象児童は，群馬県安中市および藤岡市の4校 (5学級)の小学校6年生138名で，調査時期は平成24年3月中旬である[6]。

この調査の結果をもとに，全体的考察，学年別考察，分野別考察，学習内容別考察の順に考察を行っていく。

(3) 全体的，学年別，分野別考察

①全体的考察

全学年のすべての質問項目に対する値をまとめ，5段階で割合を示したものが

表2.1.3 社会科教育に対する有用意識（全体）　　　（%）

5 とてもそう思う	4 そう思う	3 どちらとも言えない	2 あまりそう思わない	1 そう思わない
29.0	36.8	26.3	5.7	2.2

表2.1.3である。この表によれば，4と5を合わせた値は65.8 %，3, 4, 5を合わせた値は92.0 %である。この数値は，教育課程状況調査の結果と比べるとかなり高い値である。また，すべての数値の平均値も3.83という高い値で，中間値3をかなり上回っており，全体としては社会科教育に対して役立つという意識をもっている。つまり，小学校6年生の児童は社会科教育に対して意義・価値（有用感）を感じているといえる。

3つの有用性について平均値をみると，①3.99, ②3.81, ③3.70という値である。①生活実用的有用性の意識が高く，次いで②社会的問題解決的有用性の意識が高い。③人間存在論的有用性の意識はやや低い傾向にある。小学校の社会科教育は人間存在的有用性という点にやや課題はあるが，小学生という発達段階からすれば概ね有用意識は高いといえる。

②学年別考察

有用意識の値を学年別にまとめたものが表2.1.4である。

まず総合値をみると，3年生3.74, 4年生3.74, 5年生3.83, 6年生4.02という値である。3, 4年生の値が低く，5, 6年生の値が高い。高学年の学習内容に対する有用意識が高い傾向にあり，社会的問題解決的有用性の意識と人間存

在論的有用性の意識でその傾向が顕著である。

中学年の学習内容に対する有用意識が低い理由として、6年生の地域意識の発達傾向が

表2.1.4 社会科の学年別内容に対する有用意識

	3年	4年	5年	6年
①生活実用的有用性	3.94	3.94	4.01	4.07
②社会的問題解決的有用性	3.68	3.71	3.80	4.07
③人間存在論的有用性	3.61	3.57	3.68	3.93
総合値	3.74	3.74	3.83	4.02

影響していると考えられる。小学校高学年は、都市的・都会的であることが地域評価の第1の視点となり、自分の居住する地域を否定的にみるようになる時期であり（佐藤2006）、興味ある空間が、国内から世界（外国）へ広がる時期である（山口2002）。そのため、地域学習を過小評価し、有用意識が低くなっていることが推測される。一方、大学生に対する社会科学習の意味に関する調査を行った加藤（1978）は、大学生が小・中学校時代の社会科体験を振り返り、見学・調査等の体験活動を意義あるものであると評価し、中学年の社会科地域学習の意義・重要性を指摘している。このように調査対象学年によって有用意識が変化することも考えられるが、小学校6年生段階の社会科教育に対する有用意識からみると中学年の地域学習には課題があり、カリキュラム改善の必要性があることを指摘できる。

③分野別考察

有用意識の値を分野別にまとめたものが表2.1.5である。学習内容（単元）の分野別分類については表2.1.6を参照されたい。

総合値をみると、地理的内容3.75、歴史的内容3.55、公民的内容4.06であり、公民的内容の値が高い。児童の有用意識は、実際に社会と関わり合う公民的内容で高く、基礎的内容である地理的内容・歴史的内容に対する有用意識は低い傾向にある。

表2.1.5 社会科の分野別内容に対する有用意識

	地理的内容	歴史的内容	公民的内容
①生活実用的有用性	3.90	3.62	4.24
②社会的問題解決的有用性	3.71	3.52	4.08
③人間存在論的有用性	3.63	3.50	3.82
総合値	3.75	3.55	4.06

地理的内容は，生活実用的有用性の意識は高いが，人間存在論的有用性の意識がやや低い傾向にあり，歴史的内容は，全体的に有用意識が低いが，3つの有用性の意識の差は小さいという特徴がみられる。公民的内容は，全体的に有用意識が高く，特に生活実用的有用性の意識が高いといえる。

(4) 学習内容別考察

有用意識の値を学習内容別（単元別）にまとめたものが表 2.1.6 である。また，学習内容ごとに有用意識に関わる記述をまとめたものが表 2.1.7 である。

表 2.1.6 小学校社会科の各単元の学習内容に対する児童の有用意識

	単元名	学習指導要領（H.20）	内容分野	①生活実用的有用性	②社会的問題解決的有用性	③人間存在論的有用性	総合値
1	調べてみようわたしたちのまち	3,4年 (1)	地理	3.70	3.52	3.22	3.48
2	はたらく人にあったよ	3,4年 (2)	地理	3.67	3.43	3.69	3.60
3	健康なくらしをもとめて	3,4年 (3)	公民	4.28	3.95	3.58	3.94
4	安全なくらしをめざして	3,4年 (4)	公民	4.47	4.07	3.91	4.15
5	みんなでさがそう昔のくらし	3,4年 (5)	歴史	3.54	3.46	3.43	3.48
6	調べようわたしたちの群馬県	3,4年 (6)	地理	3.99	3.72	3.70	3.80
7	わたしたちの国土	5年 (1) ア，イ	地理	3.91	3.86	3.59	3.78
8	わたしたちの生活と環境	5年 (1) ウ，エ	公民	4.22	4.13	3.89	4.08
9	わたしたちの生活と食料生産	5年 (2)	地理	4.04	3.57	3.65	3.75
10	わたしたちの生活と工業生産	5年 (3)	地理	3.86	3.60	3.59	3.68
11	わたしたちの生活と情報	5年 (4)	公民	4.00	3.85	3.67	3.84
12	日本の歴史	6年 (1)	歴史	3.70	3.57	3.58	3.62
13	わたしたちのくらしと政治	6年 (2)	公民	4.28	4.22	3.98	4.16
14	日本とつながりの深い国々	6年 (3) ア	地理	4.11	4.29	3.99	4.13
15	世界の未来と日本の役割	6年 (3) イ	公民	4.19	4.20	4.16	4.18
	平均値			3.99	3.81	3.70	3.83

＊内容分野の分類は筆者による。

表 2.1.7 有用意識の観点からみた小学校社会科の学習内容に対する児童の記述内容

	単元名	記述数	主な記述内容
1	調べてみよう わたしたちのまち	23 (1)	①自分の住んでいるまちのことを知ると生活に役立つ。住みやすくなる。非常時に役立つ。説明できる。 ②市の問題を考えるときに，場所や特色を知っていると役立つ。自分のまちをどうしていくか考えられる。バスで市内を探検して自分の学校の周りとは様子が違うことを知りとても勉強になった。
2	はたらく人にあったよ	40	①買い物が上手になる。買い物するのに役立つ。自分の町で作るものを食べたいと思った。 ②仕事を知ると将来の夢につながる。仕事についての選択が多くなる。将来職業に就くのに役立つ。見学で人と質問したりふれあうことが将来役立つと思った。見学がとてもためになった。 ③働く人の大変さ・苦労・気持ちがわかった。働くとはどういうことかわかった。
3	健康なくらしをもとめて	87	①実際に何かあったときどうすればいいか役立つ。自分の命を守るのに役立つ。生活に役立つ。 ②地域のくらし・私たちの命を守ってくれている人々のことが分かった。 ③将来の自分を考えるのに役立つ。警察・消防の仕事の大変さ・大切さが分かった。
4	安全なくらしをめざめて	72	①毎日の生活に関わることなので役立つ。リサイクルを心がけるようになった。ゴミの山に驚き，ゴミを出さないように心がけるようになった。 ②水やゴミの学習は環境問題を解決するのに役立つ。 ③ゴミの減量・分別，節水など自分の生活を見直すきっかけになった。環境問題について考えるようになった。
5	みんなでさがそう昔のくらし	26 (1)	①昔のことを学ぶとこれから自分がどうしていけばいいか役立つ。昔の道具体験が役立った。 ②昔のことを今に役立てることで社会の問題を解決できると思う。 ③昔のくらしを思い，今のくらしを少し変えていこうという気持ちになる。昔の生活を知り節約する気持ちになった。昔の人が作り上げて残してきたものを私たちが受け継ぎ，大切にしていくことが大事だと思った。
6	調べよう わたしたちの群馬県	46 (1)	①群馬のことを知っていると生活に役立つ。他の県の人や外国の人に群馬のことを紹介できる。 ②群馬の良いところと悪いところがわかった。自分の住んでいる県のことを調べるのはとても大事だと思う。 ③群馬の自然や伝統を知り自分も大切にしていこうと思った。群馬のことを知れば群馬に誇りを持てる。
7	わたしたちの国土	25	①自分の住む国土の位置や特色を知るのは大切。国土のことを知ればいろんな問題を考えるのに役立つ。 ②都道府県の場所や特色を知ることはこれからの自分たちにとって大切だと思う。

8	わたしたちの生活と環境	27	①環境について知っていると生活・くらしに役立つ。 ②環境について学ぶと環境などの社会の問題を解決するのに役立つ ③環境問題への関心が高まった。自分に何が出来るか考えた。森林・自然を大切にしようと思った。自分生活と環境との関連を考えるようになった。自分の意識・生活を見直そうと思った。
9	わたしたちの生活と食料生産	31	①食料は身近な問題で生活に関わるので役立つ。自分たちの食べ物のことは知っておいた方がいい。どこの米がおいしいかわかったので生活に役立つ。 ③仕事の大変さがわかった。食料自給率の勉強をして食べ物を大切にしようと思った。食べ物に感謝するようになった。
10	わたしたちの生活と工業生産	20	①自動車の作り方や働く人の工夫がわかってよかった。ていねいにものを作っているとわかった。 ②将来仕事に就くときに役立つ。職業選択の幅が広がる。日本の貿易によって成り立っているとわかった。
11	わたしたちの生活と情報	56	①情報について知っていると生活に役立つ・豊かになる。何が起こっているか知るために情報の勉強は大事。 今起こっていることを知ると安心して生活できる。自分たちの生活ととても関連している。 ②将来の夢につながる。 ③ニュース・情報に関心を持つようになった。
12	日本の歴史	28 (3)	①中学校へ行って役立つ。中学・高校でもっと歴史を学びたくなった。歴史を知ると生活に役立つ。 ②日本歴史を知っていると外国との関係で役立つ。日本が今になるまでこうやってたくさんの問題を解決してきたかわかった。日本がどうやって発展し，今の状況になったか分かったので役立つ。 ③昔のことを知っていれば将来に役立つ。日本に誇りが持て外国の歴史も尊重できる。生きていくにはどんなことが大切か改めて知ることができた。歴史の勉強を未来へつないでいける。日本の歴史を学んで昔の人の生活を知り，わたしたちがどれだけ恵まれているか実感し，これからの自分の生活を見直すのにいいと思った。
13	わたしたちのくらしと政治	46 (1)	①憲法は生活とつながっている。憲法の大切さが分かった。税金，選挙などを学ぶと生活に役立つ。 ②政治の課題が分かった。政治の勉強は，社会問題の解決に役立つ。日本がどうして戦争をしないか分かった。 ③政治に興味をもつようになった。政治は日本をよい方向へ考えていく働きをしている。自分も国民として日本をよくしたい。権利，義務を知ったことは今後の自分に役立つ。これから生きていく上で大事なことを学んだ。
14	日本とつながりの深い国々	50	①海外に行った時にその国のことを知っていると役立つ。世界のことを知ると生きていくのが楽しくなる。 ②将来世界に関わる職業に就くときに役立つ。他国のことを知っていると問題があっても解決できる。国の特徴を知ると外国とどうつきあえ

			ばいいかわかる。外国の文化を知った上でつきあえば，仲良くなれる。 ③日本は世界とつながり交流しあっている。いろんな国に支えられている。世界とのつながりを大切にしたい。交流のために外国の文化を知り尊重しあうことが大事。世界に目を向けるようになった。
15	世界の未来と日本の役割	33	①世界との交流を知り刺激を受けた。現実を知り，自分の将来を決めるのに役立つ。社会の中で問題を解決していくのに役立つ。問題が起こったら世界の人と協力して問題を解決していくのに役立つ。 ②これから自分がどうしていけばいいのか考えた。自分も日本人としての責任を果たしたいと思った。世界のために働きたい。世界をよくしていきたいと思った。どういうことが平和でどうやって平和になったか考えた。世界の人を助けたい，募金したいと思った。困っている人を知り，これからの自分の生き方を考えるのに役立つ。日本の役割を知り，行動しようという気持ちが生まれた。世界の人とつながり合うきっかけが学べた。

＊記述数の欄の数字はその学習内容に対して肯定的な記述があった数である。（　）内の数字は否定的な記述数である。
＊①は生活実用的有用性に関連する記述，②は社会的問題解決的有用性に関する記述，③は人間存在論的有用性に関する記述である。
＊記述内容については，原文の意味を損なわない範囲で筆者の責任において要約してある。

①地理的内容について

　まず，地誌的な学習についてみると，身近な地域を取り上げた単元1「調べてみようわたしたちのまち」の数値が3.48と全単元のなかで最も低く，自由記述の数も23と少なくなっている。地域学習は重要であるといわれるが，小学生の有用意識は低く，身近な地域の地理（誌）的学習のあり方は有用意識からみると大きな課題であるといえる。自由記述では，自分の住んでいるまち・市について知ることは生活に役立つという内容が多かったが，市の問題を解決するのに市の特色を知っていると役立つ，市のいろんなところの様子を知ることは大事だという記述もみられた。

　県や国土を取り上げた単元6「わたしたちの群馬県」，単元7「わたしたちの国土」の数値はそれぞれ3.80，3.78である。これは身近な地域の学習よりも高い値であり，県や日本についての地理（誌）的学習に対する有用意識のほうが高い傾向にある。記述をみると，県の学習については，生活実用的有用性の内容に加え，自分の住む県のことを知る大切さに気づいたり，事例地域の学習を通して県の自然や伝統がわかり，自分もそれらを大切にしていきたいという意

識をもつようになったりしている。国土学習については，日本の国土の様子を学ぶ意義をあげているほかに，都道府県の位置や特色を知ることが大切であるという記述も多くあった[7]。

世界地誌的学習である単元14「日本とつながりの深い国々」は4.13と高い値を示し，有用意識が高い。特に②の値は4.29と全単元で最も高く，小学校6年生は世界地誌的学習に社会的問題解決的有用性を感じているといえる。自由記述でも，「他国のことを知っていると問題があっても解決できる。国の特徴を知ると外国とどうつきあえばいいかわかる。外国の文化を知った上でつきえば，仲良くなれる。交流のために外国の文化を知り尊重しあうことが大事だと思った」などの内容が多くみられた。小学校における世界地誌的学習は昭和52年版学習指導要領以降小さな扱いとなっているが，児童の意識から考えるとより重視すべきであると考えられる[8]。

地誌的内容の単元は，全体的に③の値がやや低い傾向にある。子どもたちが地理を学ぶ意味を実感し，学習を通して人間存在論的有用性の意識を高めるように内容を構成することは，地理的学習の課題といえる。学習指導要領の目標のなかに「地理を学ぶ意味」という言葉を入れるとよいのではないかと考える。

次に，産業学習的単元について数値をみると，単元2「はたらく人にあったよ」3.60，単元9「わたしたちの生活と食料生産」3.75，単元10「わたしたちの生活と工業生産」3.68といずれも平均値を下回り，全体的にはやや低い評価である。しかし，地誌的内容の単元と比べると③の値は低くない。このことは自由記述の内容にも表れており，「将来仕事に就くときに役立つ。職業選択の幅が広がる。働くとはどういうことかわかった。仕事の大変さがわかった」など，自分が将来仕事に就き，働くときに役立つという内容が多くあった。

産業学習的内容においては，農業，工業，商業などの産業とわたしたちの生活の関わりを今まで以上に重視し，わたしたちの生活がさまざまな産業に支えられていることを学習内容の中心とするとともに，「仕事」の重要性を強調する方向でカリキュラム改善を行えばよいのではないかと考える。また筆者らは，第5学年の学習を国土学習と産業学習を組み合わせた国土・産業学習にするこ

とを提案してきたが（山口他2008），小学校6年生が仕事の大切さや都道府県，各地方の位置や特色を学ぶ意義を感じていることから，第5学年の社会科を国土・産業学習として再構成することを改めて提案したい。

②歴史的内容について

歴史的な学習である単元5「みんなでさがそう昔のくらし」（3.48）と単元12「日本の歴史」（3.60）については，いずれも数値が低く，歴史的学習に対する小学生の有用意識は低い傾向を示している。自由記述でも，「おもしろかったが役に立つとは思わなかった」「何のために歴史を勉強しているのかと考えるときがある」などの否定的な意見がみられた。教育課程実施状況調査（2003）でも6年の歴史学習に対する有用感は低い傾向にあったが，小学校の歴史的学習は，有用意識からみると大きな課題があることが明らかになった。

しかし，歴史的内容については，人間存在論的有用性の数値が地理的内容，公民的内容と比べると相対的に高く，自由記述でも，歴史を学ぶことで自分の生活や考えを見直したり，生き方を考えたりするきっかけとなったという内容がかなりあり，歴史的学習に有用意識を感じている児童は少なくない。学習指導要領社会第6学年の内容（1）に「歴史を学ぶ意味を考える」という記述があるが，今までの歴史的学習はこの視点が弱かったため，有用意識が低かったのではないかと思われる[9]。歴史を学ぶ意味を考え，歴史を学ぶ意義を児童が感じられるような方向でカリキュラム・授業構成を改善する必要があると考える。

③公民的内容について

公民的な学習は，学習対象範囲，学習対象学年，学習内容を問わず全体的に有用意識が高い傾向にある。特に①の有用意識が高いことから，生活に役立つと考えている児童が多い学習内容であるといえる。

中学年の内容である単元3「健康なくらしをもとめて」，単元4「安全なくらしをめざして」をみると，それぞれ総合値が3.94，4.15と高い値を示している。自由記述では，単元3は災害・事故発生時の対応等に役立つという内容が，単元4では環境を考えた生活の見直し・意識の変化という内容が多い。

政治的内容である単元13「わたしたちのくらしと政治」(4.16)に対する有用意識も高く，自由記述では，政治について学ぶとこれからの社会を生きていくのに役立つという内容が多くあった。

単元8「わたしたちの生活と環境」(4.08)，単元11「わたしたちの生活と情報」(3.84)，単元15「世界の未来と日本の役割」(4.18)など現代的な課題を取り上げた学習でも有用意識が高い。単元15については，③の値が4.16と全単元で最も高く，自由記述でもこれからの自分の行動や生き方について考えるきっかけになったという内容が多くあり，児童が人間存在論的有用性を強く感じている学習内容であるといえる。

公民的な学習，現代の課題を取り上げた学習は，小学生が有用性を感じている学習内容であり，今後も重視していくべきであろう。特に，国際社会とそのなかにおける日本の役割については，小学校社会科学習のまとめとしてより重視したい内容である。

(5) まとめと今後の課題
①まとめ

本研究を通して，小学校6年生の社会科教育の意義・価値に関する意識（有用意識）がある程度明らかになり，カリキュラム改善・指導上の改善に向けていくつかの視点を提示することができた。具体的には以下のとおりである。

①全体的に，小学校6年生の児童は，社会科教育に意義・価値を感じている。児童の有用意識の点から，小学校の社会科教育の存在意義が改めて確かめられた。

②高学年の学習内容に比べて，中学年の学習内容に対して有用意識が低い傾向にある。特に，身近な地域の学習（地理的学習）においてその傾向が顕著である。中学年の地域学習のあり方については，学習指導面からもカリキュラム面からも検討が必要であろう。

③基礎的内容である地理的内容，歴史的内容は有用意識が低い傾向にある。地理的学習や歴史的学習については，児童の有用意識という観点から学習

内容・カリキュラムを検討し直す必要があると思われる。その際，世界地誌的内容を充実させるとともに，地理や歴史を学ぶ意味を重視するようにしたい。

④実生活と直接関わる公民的学習の有用意識が高く，有用意識からみた公民的学習の重要性を指摘できる。特に，国際社会における日本の役割の内容は児童が最も有用意識を強く感じている学習である。

②今後の課題

今後の課題は，以下の4点にまとめられる。

①本研究は，小学校6年生が小学校の社会科教育の内容を振り返って行った調査である。その結果は，小学校6年生の時点での有用意識という限界があり，一般化することはできない。中学校，高等学校，大学などの時点でも調査を行い，より確かな有用意識を明らかにしていきたい。

②本研究は，社会科教育の意義・価値に関する意識（有用意識）という観点からの調査のみであったが，知識・理解，興味・関心等との関連についても調査し，社会科教育に対する全体的な意識を明らかにしていきたい。

③本研究は，群馬県安中市，藤岡市という地方都市の138名の児童の調査に止まっている。さまざまな地域で調査を行い，有用意識の一般化を図っていきたい。

④本調査結果だけは，指導上の課題によるものか，内容的・カリキュラム的課題によるものかは明確ではない。しかし，学校ごとの結果に大きな差はなく，内容的・カリキュラム的課題によるものと推測されるが，より詳しい調査が必要である。

本研究により社会科教育に対する意義・価値に関する意識がある程度解明されたが，多くの課題が残っている。今後も社会科教育に対する意義・価値に関する意識について調査・研究を続け，最終的には子どもたちが社会科に対して有用意識をもてるような小学校社会科カリキュラムの全体像を提案したいと考えている。

【注】
(1) カリキュラム編成における児童・生徒の実態把握の重要性は，谷川（2008）が「学習指導要領改訂の背景にあるのは，「子どもがどうなっているのか，どうなってきているか」の実態把握です。その実態に対して，どのように改革をしたらいいかを考えて指導要領の　改訂になるのが本筋です。したがって，指導要領の改訂が正しい方向か否かは，教師一人ひとりの目の前にいる子ども（児童・生徒）たちがどうなっているかを見るところから判断できるというべきです」と述べている。
(2) 平成15年度小・中学校教育課程実施状況調査質問紙調査集計結果（国立教育政策研究所教育課程研究センター，2005）。平成25年2～3月にかけて実施された小学校学習指導要領実施状況調査の結果もほぼ同様の傾向を示している。
(3) 「そう思う」「どちらかといえばそう思う」の数値を合計したものである（4段階調査）。
(4) 第5学年では，13項目すべての内容について役立つと思うと回答している児童の割合のほうが高いが，第6学年では，「米作りの始まり」「大和朝廷と国土統一」「聖徳太子の政治」「源頼朝と鎌倉幕府」「室町時代の新しい文化」「徳川家光と江戸幕府」の6つの内容で役立つと答える児童よりも役立たないと答える児童の割合のほうが高かった。また，この調査は，無回答の児童の割合が約30％あり，調査自体にも課題があると思われる。
(5) ぐんまの子どもの基礎・基本習得状況調査（2010）。
(6) 調査対象児童は，第5学年までは平成10年版学習指導要領で学習。第6学年は，平成20年版学習指導要領で学習している。
(7) 調査校の1校において，筆者が，「わたしたちの国土」の学習のなかで，日本地理かるたを活用した「47　都道府県の特色を調べよう」という実践を行ったことがあり，その学習の影響もあると考えられる（佐藤2012）。
(8) 筆者は，世界地誌的内容の充実を図るために小学校5学年に新単元「世界の国々と人々のくらし」を設けることを提案したことがあるが（佐藤2011），児童の有用意識からも世界地誌的内容の重要性が明らかになったといえる。
(9) 澤井（2013）も小学校社会科歴史的学習において，歴史を学ぶ意味を考える重要性を指摘している。

【参考文献】
片上宗二「入門期社会科学習の新展開をめざして―『社会研究科』としての社会科の出発―」『社会科教育研究』No.111，pp.1-12，2010.12
加藤章「『社会科体験』の意味するもの」『社会科教育研究』No.41，pp.15-32，1978.12
佐藤浩樹『地域の未来を考え提案する社会科学習』学芸図書，p.27，2006.5
佐藤浩樹「小学校社会科における地理的学習のあり方と方法」『地理教育研究』No.3，pp.26-32，2009.3
佐藤浩樹「小学校社会科における世界地誌的学習のカリキュラムと実践」『地理教育研究』No.8，pp.1-9，2011.3
佐藤浩樹「『日本地理かるた』を活用した小学校社会科授業の実践」『社会科教育・地理教育の理論と実践』古今書院，pp.121-132，2012.3

澤井陽介「『歴史を学ぶ意義を考える』授業への挑戦 1」『社会科教育』No. 654, pp.126-127, 2013.10
谷川彰英「ビジョンを求めて」『日本社会科教育学会全国大会発表論文集』第 4 号, 会長巻頭言, p.1, 2008.10
山口幸男『社会科地理教育論』古今書院, 2002.10
山口幸男他編『地理教育カリキュラムの創造―小・中・高一貫カリキュラム―』古今書院, 2008.1
山口幸男「地理教育の本質と地理学習論の研究課題」『地理教育研究』No. 1, pp.1-8, 2008.3

第 2 節　小学校社会科に対する大学生の意識

(1) はじめに

　次期学習指導要領の改訂に向けて，文部科学省に設置された検討会から「育成すべき資質・能力を踏まえた教育目標・内容と評価のあり方に関する検討会―論点整理―」(2014.3) が発表された。そのなかで各教科の教育目標・内容について，教科等の本質に関わるもの，教科に固有の知識や個別スキルに関するものなどの視点で分析したうえで，学習指導要領の構造のなかで適切に位置づけ直したり，その意義を明確に示したりすることについて検討すべきとされたこともあり，社会科においても教科の意義に関わる議論が活発になりつつある。社会科教育の意義・価値については，これまでにもさまざまに議論されてきたが，その議論は学習指導要領を基盤としたものや社会科教育におけるある特定の観点・内容からのものがほとんどで，社会科教育の本質に関わって全体的にその意義を論じたものは必ずしも多くはなかった。

　この点に関して最も熱心に取り組んできたのは地理教育であろう。地理教育は，その危機感ゆえ，地理教育の意義・価値や有用性について積極的な主張がなされている。山口 (2008) は地理教育の有用性として，①生活実用的有用性，②社会的問題解決的有用性，③人間存在論的有用性の 3 つを取り上げ，伊藤 (2012) は「場所へのこだわりの感覚を錬成し，場所や地域のアイデンティティ形成過程を学ぶこと」と「社会の持続可能な発展のために視する教育としての ESD」の 2 点をあげている。また西脇 (2014) は，地理教育の意義について

「市民・公民としてのアイデンティティや資質の育成」と「趣味としての地理・地理好きな子どもの育成」の二面性を示している。2014年12月には,「地理教育の社会貢献を考える」というテーマで地理教育全国合同シンポジウム（早稲田大学）が開催され,地理教育の意義や有用性について議論がなされている。

このような社会科教育・地理教育の本質論に関わる議論は,社会科教育・地理教育の意義・価値や有用性を明らかにするうえできわめて重要であるが,社会科教育・地理教育の意義・価値や有用性を世に示し,その存在意義を確かなものにしていくためには,子どもたちが,学習を通して,社会科教育・地理教育に対してどのような意義・価値（有用性）を感じたかという学習者の視点からの議論も必要である。社会科教育における学習者の視点からの研究については,学習者の社会科観に関する研究はなされているものの[1],学習者が社会科学習を通して社会科にどのような意義・価値（有用性）を感じ,社会科をどう評価しているかという研究はほとんどみられず,研究上の課題となっている。

そのような現状のなか,佐藤（2013）は,卒業を控えた小学校6年生を対象に,小学校の社会科学習を振り返っての全単元についての有用意識を調査し,①小学校6年生の児童は社会科教育に意義・価値を感じていること,②中学年の学習内容に対して有用意識が低く,身近な地域の学習でその傾向が顕著であること,③基礎的内容である地理的内容,歴史的内容は有用意識が低い傾向にあること,④実生活と直接関わる公民的学習の有用意識が高いことなどの傾向を明らかにした。そして,今後の研究課題を4点示したが,その1つが中学校,高等学校,大学などの時点においても調査を行ってより確かな有用意識を明らかにし,一般化を図ることであった（第1節参照）。

そこで本節では,社会科および社会系教科の学習を終了した大学生を対象に,自分の社会科学習体験を振り返っての社会科教育に対する有用意識を調査し,小学生段階での意識と比較することにより,大学生段階の社会科教育に対する有用意識の特徴を明らかにしたい。

(2) 調査の概要

本節における調査内容は，以下の3点である。第1の内容は小・中・高10年間の社会科学習（社会系教科を含む）の体験を通してもつに至った社会科教育に対する意識である。この意識の調査に関しては，2003年に実施された国立教育政策研究所教育課程研究センターによる教育課程実施状況調査の質問項目から，本研究に関わる6項目（社会科の勉強が，①好きか，②大切か，③受験に役立つか，④仕事に就くのに役立つか，⑤生活や社会で役立つか，⑥よりよい社会を考えられるか）を抜粋して質問項目を設定した。評価は教育課程実施状況調査と同様に4段階評価で行い，同調査の小学校6年生および中学校3年生の結果と比較して考察を行った。

第2の内容は，小学校の社会科だけを取り上げ，小学校社会科学習全体に対する意義・価値に関する意識（有用意識）を問うたものである。この意識に関する調査は，山口（2008）が示した地理教育の3つの有用性に基づいて設定した佐藤（2013）の調査項目を援用し，5段階評価で行った。小学校6年生の児童を対象とした佐藤（2013）の調査では単元ごとに3つの有用性を調べていたが，本研究においては小学校を終えてから時間を経た大学生が対象であることを考慮して，単元別ではなく，小学校社会科学習全体に対する有用意識を調査した。そのため，小6調査（佐藤2013）の結果との数値の直接的な比較はできないが，傾向的な比較考察を行った。

第3の内容は，小学校社会科学習のどの内容に対して意義・価値（有用性）を感じたかということである。内容は大きく，身近な地域の学習，地理的学習，歴史的学習，公民的学習の4つの分野に分け，そのなかで有用だと思う分野の1位と2位を順位づけさせ，そう考える理由を具体的に記述させた。集計においては，1位を2ポイント，2位を1ポイントとして各学習の合計ポイントを算出した。

調査対象は，大学生418名である。内訳は，群馬大学1年生186名（医，社会情報，工，教育学部），立正大学3年生24名（社会福祉学部），東京農業大学3年生23名（国際食料情報学部），神戸女子大学1, 2年生100名（文学部），山陽

社会科教育に対する意識に関するアンケート

このアンケートは、大学生の社会科教育に対する意識を調査するものです。

I 社会科・社会系教科の学習を振り返り、質問事項に対して4～1の基準であてはまるものを 選んで、〇をつけて下さい。わからない場合は0を選んでください。

4 そう思う　3 どちらかといえばそう思う
2 どちらかといえばそう思わない　1 そう思わない
(0 わからない)

1 社会科の勉強が好きだ。
4　3　2　1　0

2 社会科の勉強は大切だ。
4　3　2　1　0

3 社会科を勉強をすれば、受験に役立つ。
4　3　2　1　0

4 社会科を勉強をすれば、好きな仕事につくことに役立つ。
4　3　2　1　0

5 社会科を勉強をすれば、ふだんの生活や社会に出て役立つ。
4　3　2　1　0

6 社会科を勉強すれば、社会の一員としてよりよい社会を考えられるようになる。
4　3　2　1　0

II 小学校社会科の学習を振り返り、質問事項に対して5～1の基準であてはまるものを選んで、〇をつけてください。

5 とてもそう思う　4 そう思う　3 どちらともいえない
2 あまりそう思わない　1 そう思わない

1 小学校社会科の学習は、生活に役立ったり、生活を豊かにしたりしたと思いますか。
5　4　3　2　1

2 小学校社会科の学習は、社会のいろいろなことを知り、問題を解決したりするのに役立つと思いますか。
5　4　3　2　1

3 小学校社会科の学習は、自分の生き方を考えていくのに役立つと思いますか。
5　4　3　2　1

4 小学校社会科の学習は、楽しかったですか。
5　4　3　2　1

III 小学校社会科の学習の中で、自分にとって役立ったと思うのは、どの学習ですか。次の1～5から2つ選んで番号を書いてください。また、そう思った理由を簡単に書いてください。

1 身近な地域の学習　2 地理的学習　3 歴史的学習
4 公民的学習　5 わからない・特にない

1番役立った学習（　　）2番役立った学習（　　）

そう思った理由

学園大学1年生84名（看護学部）である。群馬大学と山陽学園大学は教養科目の受講生，立正大学と神戸女子大学は小学校教職科目の受講生，東京農業大学は中学校・高等学校教職科目の受講生であるが，全体をまとめて考察を行い，属性による結果の違いについては取り上げなかった。

調査時期は，いずれの大学も2014年4月である。大学の授業の影響が少ない時期が望ましいと考え，前期の1回目または2回目の授業の一部の時間を使って行った。

(3) 小・中・高10年間の社会科教育の意義・価値に対する大学生の意識

小・中・高10年間の社会科教育の意義・価値に対する大学生の意識をまとめたものが表2.2.1である。これによれば，項目2「社会科の勉強は大切だ」の平均値が3.27と最も高く，大学生は社会科の学習を大切だと考えていると言える。また，項目5「普段の生活や社会に出て役立つ」（平均値3.19）や項目6「社会の一員としてよりよい社会を考えられるようになる」（平均値3.18）の

表2.2.1　社会科の意義・価値に関する大学生の意識　　　　　　　　　　　　（％）

	4そう思う	3どちらかというとそう思う	2どちらかというとそう思わない	1そう思わない	0わからない・無答	平均値
1. 社会科の勉強が好きだ。	18.4	39.4	29.7	10.0	2.2	2.68
2. 社会科の勉強は大切だ。	35.6	55.3	6.0	1.7	1.4	3.27
3. 社会科の勉強をすれば，受験に役立つ。	32.8	47.2	12.4	2.6	5.0	3.07
4. 社会科の勉強をすれば，好きな仕事につくのに役立つ。	11.0	38.2	30.9	8.9	11.0	2.58
5. 社会科の勉強をすれば，普段の生活や社会に出て役立つ。	32.8	51.7	11.0	1.7	2.9	3.19
6. 社会科の勉強をすれば，社会の一員としてよりよい社会を考えられるようになる。	30.9	49.8	10.5	1.9	6.9	3.18

＊平均値は，「わからない，無答」を除いて集計した値である。

表2.2.2 社会科教育に対する小学生，中学生，大学生の意識の比較

	小学校6年	中学校3年	大学生
1. 社会科の勉強が好きだ。	56.9	52.8	58.1
2. 社会科の勉強は大切だ。	82.6	75.2	90.9
3. 社会科の勉強をすれば，受験に役立つ。	68.0	77.9	80.0
4. 社会科の勉強をすれば，好きな仕事につくのに役立つ。	46.6	35.0	49.2
5. 社会科の勉強をすれば，普段の生活や社会に出て役立つ。	65.2	60.0	84.5
6. 社会科の勉強をすれば，社会の一員としてよりよい社会を考えられるようになる。	62.4	58.7	80.7

＊数値は，「4 そう思う」と「3 どちらかといえばそう思う」の合計した％である。
＊小学校6年生，中学校3年生の数値は，国立教育政策研究所教育課程研究センター「教育課程実施状況調査」(2005) のものである。

平均値も高くなっている。一方，項目1「社会科の勉強が好きだ」，項目4「好きな仕事につくのに役立つ」の平均値は高くない。

　この意識について，「4 そう思う」と「3 どちらかといえばそう思う」の合計の％をまとめ，小学校6年生，中学校3年生の数値と比較したものが表2.2.2である。この表をみると，大学生は，小中学生と比べると，全体にやや数値が高く，社会科に対して肯定的に評価している。

　項目別に見ると，項目1「社会科が好きだ」は小・中学生とほぼ同じ，項目2「社会科の勉強は大切だ」は小・中学生よりもやや高い，項目3「受験に役立つ」は小学生よりも高く，中学生とほぼ同じ，項目4「好きな仕事につくのに役立つ」は小学生とほぼ同じで中学生よりも高い，項目5「普段の生活や社会に出て役立つ」と項目6「社会の一員としてよりよい社会を考えられるようになる」は小・中学生よりもかなり高いという結果である。

　このことから，大学生は，小・中学生と比較して，社会科教育に対して好きとまではいえないが，大切であると考えており，特に，生活や社会での有用性や社会の一員としての意識の基盤など，社会科の本質的な重要性に関わることについて小・中学生よりも意義・価値を感じているといえる。

(4) 小学校社会科の有用性に関する大学生の意識
①小学校社会科全体に対する有用意識

表2.2.3は，小学校社会科全体に対して3つの有用性の観点から大学生の意識を調査した結果をまとめたものである。「4．小学校社会科の学習は楽しかった」の項目は，1～3の項目とは次元がやや異なるが，1～3の項目と比較する意義があると考え，調査項目として加えた。

それぞれの有用意識の平均値をみると，生活実用的有用意識（質問項目1）が3.28，社会問題解決的有用意識（質問項目2）が3.41，人間存在論的有用意識（質問項目3）が3.13となっている。いずれも中間値3を上回り，大学生は小学校社会科にある程度の有用性を感じているが，表2.2.1の平均値と比較すると低い値であり（表2.2.1は中間値2.5），また小学生に対する調査と比べても数値は低いことから，有用意識の程度は十分に高いものとはいえない。質問項目4の平均値は3.53を示し有用意識と比較して高く，大学生は小学校社会科学習に対して楽しくてある程度の有用意識を感じていると思われる。

表2.2.3 小学校社会科の有用性に関する大学生の意識 (%)

質問項目	5とてもそう思う	4そう思う	3どちらとも言えない	2あまりそう思わない	1そう思わない	大学生平均値	小学校6年生平均値
1．小学校社会科の学習は，生活に役立ったり，生活を豊かにしたりすると思うか。	9.1	35.4	36.1	12.7	6.7	3.28	3.99
2．小学校社会科の学習は，社会のいろいろなことを知り，問題を解決したりするのに役立つと思うか。	11.5	39.6	32.1	12.0	4.8	3.41	3.81
3．小学校社会科の学習は，自分の生き方を考えていくのに役立つと思うか。	8.1	28.2	38.8	18.7	6.2	3.13	3.70
4．小学校社会科の学習は，楽しかったか。	20.9	35.8	24.2	13.4	5.7	3.53	

小学校社会科学習に対する大学生の有用意識の傾向を小学生と比較すると，やや違った傾向を示している。小学校6年生の生活実用的有用性が最も高かったのに対し，大学生は社会問題解決的有用性が最も高いという結果になっている。このことから，大学生は，小・中学生よりも，小学校の社会科学習が社会のなかで生活し，さまざまな問に対処し解決していくうえでの基礎として大切であると意識しているといえる。このことは前述の内容とも一致し，社会問題解決的有用意識が高いことが大学生の社会科に対する有用意識の特徴である。一方，小学校社会科に対する人間存在論的有用意識は，大学生においても低く，課題であるといえる。

②小学校社会科の分野別の有用意識

　小学校社会科の4つの分野に対する大学生の分野別有用意識の高さをまとめたものが表2.2.4である。

　表2.2.4によれば，大学生が有用だと考えている学習は，身近な地域の学習（335ポイント）が第1位であり，以下，地理的学習（310ポイント），公民的学習（234ポイント），歴史的学習（227ポイント）となっている[2]。小学校6年生の調査では小学校中学年の学習（地域学習）に対する有用意識が低かったが[3]，大学生は地域学習の有用性を最も高く評価している。加藤（1978）は，大学生に対する社会科学習の意味に関する調査に基づいて，大学生が小・中学校時代の社会科体験をふり返り，見学・調査等の体験活動の意義を評価しているとして，中学年の社会科地域学習の意義・重要性を指摘したが，本調査においても大学生の地域学習に対する評価が高い結果となった。

　小学校6年生の調査では公民的学習に対する有用意識が最も高かったが，大学生の公民的学習に対する有用意識は234ポイントと低く，有用意識が最も低い歴史的学習とほとんど変わら

表2.2.4　大学生の社会科分野別有用意識の高さ

	ポイント	順位
身近な地域の学習	335	1
地理的学習	311	2
公民的学習	234	3
歴史的学習	227	4

＊数値は，1位を2ポイント，2位1ポイントとして計算した

ない。一方，地理的学習に対する有用意識は311ポイントと高く，大学生は地理的学習に有用性を感じているいえる。

(5) 小学校社会科に対する大学生の有用意識の内容

大学生は小学校社会科の地域学習と地理的学習に対して有用意識が高いことを明らかにしたが，さらに地域学習，地理的学習，歴史的学習，公民的学習についてどのような有用意識を感じているのか具体的に考察する。

表2.2.5～表2.2.8は，地域学習，地理的学習，歴史的学習，公民的学習に対する大学生の有用意識に関する記述をまとめたものである。具体的記述内容については意味を損なわないように筆者が表現を整え，類似内容をカテゴリ化してまとめた[4]。（ ）内の数字は，記述した人数である。

①地域学習に対する大学生の有用意識

表2.2.5によれば，大学生が地域学習に対する有用意識として最も多くあげた内容は，「地域を学び，地域を知ることの意義」である。また，「地域の歴史，地理を学ぶことの重要性」を指摘している学生も多く，大学生は，小学生の時期に，自分が住む地域について学習し，地域の特徴を理解することが重要だと意識している。

次に多い内容は，「自分の生活と関連した学び」である。小学校社会科地域学習に対して，自分の日常生活と関連した社会のなかで生きる学習であることに有用意識を感じている学生が多い。また，地域への関心や愛着など情意的な面に地域学習に対する意義・価値を感じている学生やフィールドワーク，野外学習，見学体験学習に意義・意義を感じている学生も少なくない。

大学生は，地域の特徴の理解を中心に，地域への関心や愛着，フィールドワークなどの技能・活動などさまざまな面から有用意識を感じており，小学校社会科地域学習を全体的・総合的に高く評価している。すなわち，大学生は，小学校段階で地域を学ぶということそのものに意義・価値を感じているといえる。

表 2.2.5 地域学習に対する有用意識

カテゴリ	具体的記述内容
地域を学び，地域を知ることの意義（70）	○自分の住む地域の特徴を知ることができる（34） ○小学校の授業で勉強しない，授業でしか分からないことが学べる，地域のことを知るきっかけになった（13） ○地域に対する新しい認識・見方，新たな学び，よさの発見（10） ○社会科学習の基盤，身近な地域の学習の重要性（9） ○自分の住む地域を教えるときの基礎（2） ○地域のこと，地域の問題を幅広く学べる（2）
地域の地理，歴史を学ぶことの重要性（21）	○地域の産業，名産物，文化を知ることができた（6） ○地図記号，地図の読み方を学べた（5） ○身近な地域の地形，気候を知ることができた，生活が豊かになる（4） ○周辺地域や市町村の位置が分かった，知ることは重要だ（3） ○地元の歴史，伝説，伝統への関心が高まった（3）
自分の生活と関連した学び（19）	○地域の特色と自分たちの生活，遊びとの関わりが学べた（6） ○実際に社会に出て必要とされる，役立つ，使えることが学べた（6） ○自分の生活や環境と授業との関わりが感じられる，現実感のある学び，行動と結び付く学び（5） ○新しい道や危険なところの発見，防災マップ（2）
地域への愛着・関心，生き方（15）	○地元への興味・関心・好奇心が高まった（10） ○地域を知ることで地域への愛着を持てる・好きになる（4） ○自立への道につながった（1）
フィールドワーク，調査（11）	○地域を調べるおもしろさがわかった，探求意欲がわいた（7） ○フィールドワーク，調査方法を学べた（4）
人との関わり・コミュニケーション（7）	○地域の人との関わり・コミュニケーションのある学び（4） ○他県の人に自分の地元のことを紹介できる（3）
社会科見学等体験的学び（5）	○社会科見学へ行ったこと（3） ○身近で実際はたらく人の現実を理解するきっかけとなった（1） ○体験的な学びがあった（1）

＊大学生の主な記述は，意味を損なわないように筆者が表現を修正してまとめたものである。
＊表 2.2.5〜表 2.2.8 の（　）内の数字は，記述した人数である。

② 地理的学習に対する大学生の有用意識

表 2.2.6 は，地理的学習に対する大学生の有用意識をまとめたものである。最も多くあげられた内容は，「都道府県についての知識」であり，都道府県の名称や位置を小学生で学んだことを有用であったと意識している。また，「日

表2.2.6 地理的学習に対する有用意識

カテゴリ	具体的記述内容
都道府県についての知識（23）	○都道府県の名称や位置，県庁所在地，23区を覚えることができた（21） ○県の特色が分かった（2）
地図の活用（22）	○地名・地図，地図記号，地図帳，地形図の見方（22）
社会生活での活用（20）	○生活で必要な実用的知識，生活で大事，実際に使う，社会に出て役立つ（14） ○テレビ，ニュースなどを見て理解できる・興味が持てる（3） ○車の運転，道に迷わない（3）
日本について知る意義（18）	○日本について知ることは重要，日本を知ることは日本人として必要，外国の人と話すとき日本を知っておく必要（12） ○日本の位置関係，成り立ちを学べた（3） ○日本の地形や気候について学べた（3）
世界への関心（14）	○世界について知るきっかけになった，国の名称や位置を覚えられた（12） ○世界へ視野が広がった（2）
生活の楽しみ・豊かさ（10）	○旅行にいったとき（6） ○クイズ番組（2） ○山登りに役立った（1） ○おいしいものが食べられる（1）
中学・高校での学習，受験（8）	○中学・高校の学習の基礎・活用できる（5） ○受験で役立った（3）
一般常識（7）	一般常識・社会常識（7）
地理的の見方や関心（5）	○自分の住んでいるところの環境を地理的に見られる，地理の知識と結びつけられる（2） ○地理的なことへの関心（2） ○小さい頃にいったところの意味がわかった（1）
生き方（1）	人生で役立つ（1）

本について知る意義」も多くの学生があげている。日本については，知ることが必要だとその意義を強調している内容が多かった。大学生は日本や都道府県等に関する地理的な基礎知識を大事だと考えている学生が多いといえる。また，「世界への関心」の内容も多く，世界へ目を向けるきっかけとしての地理的学習の有用性も感じている。

　2番目に多かった内容は，「地図の活用」である。地図は地理学習の基礎的ツールであるが，小学校での地図体験を有用であったと考えている学生が多い。

また，地理的学習に対して，社会に出て生活のなかで活用できる学習として有用性を感じている学生も多く，生活を楽しく豊かにするものとして地理的学習をとらえている学生も少なくない。大学生は，地図の活用と併せて，小学校社会科地理的学習に生活実用的有用性を強く感じているといえる。

ほかには，中学や高校の学習や受験に役立った，一般常識として必要，地理への興味・関心が高まったという内容もあげられている。

③歴史的学習に対する大学生の有用意識

表2.2.7は歴史的学習に対する大学生の有用意識をまとめたものであるが，有用意識の内容として「中学・高校での学習，受験」が最も多くあげられている。大学生は，中学校・高等学校の学習の基盤あるいは受験で役立つことに歴

表2.2.7 歴史的学習に対する意義・価値

カテゴリ	具体的記述内容
中学・高校での学習，受験（34）	○中学・高校の学習の基盤になった，中学・高校の学習で役立った（25） ○受験に役立った（9）
日本の歴史を知る意義（12）	○日本の歴史や人物を知ることができた（7） ○過去の出来事，歴史上の問題を知ることは大切，日本人として学んでおくべき（5）
歴史を学ぶ意味，これからの自分に生きる（12）	○昔を知ることは今を深く知ることにつながる，今の日本との関連がわかる（5） ○歴史を学ぶと今の日本に対して自分の考えを持てる（2） ○よりよく生きるために役立つ（2） ○過去を知ると今の自分を見つめ直すことができる（1） ○歴史を学ぶと夢を持てる（1） ○人生の成功と失敗を知れる（1）
歴史への興味・関心の喚起（9）	○歴史や歴史上の人物，歴史的な場所への興味・関心をもつことができた（9）
一般常識・一般教養（9）	○一般常識，一般教養（8） ○教師や親になったときに役立つ基礎的知識（1）
社会生活での活用（6）	○日常の会話，人とのコミュニケーションに役立つ（4） ○ニュースなどの内容が分かる（1） ○外国人に日本の歴史を聞かれるけど答えに必要なことは小学校で習うものばかりだから（1）
学ぶ力（2）	○新聞にまとめたりして学習を深めたり調べる力がついた（2）
生活の楽しみ（2）	○旅行へ行ったときに役立つ（2）

史的学習に対する有用性を感じているといえる。

　2番目に多い内容は「日本の歴史を知る意義」である。日本の歴史について理解したことを評価する学生はいるが，知識として必要と考える学生は多くはなかった。

　次に多い内容は「歴史を学ぶ意味，これからの自分に生きる」である。歴史を学ぶことが生き方に関わると記述している学生がおり，歴史的学習から歴史を学ぶ意味について有用意識を感じている。

　一方，日常生活において有用であると考える学生は少なく，地理的学習に対する有用意識の内容とは異なる傾向をみせている。「歴史への興味・関心の喚起」「一般常識」という内容は，地理的学習に対する意識の場合と同程度にあげられている。

表2.2.8　公民的学習に対する有用意識

カテゴリ	具体的記述内容
政治・社会を知る意義（24）	○政治（国会のしくみ，選挙，税金，年金，憲法，法律）について少しでも　触れ，理解できた（17） ○現実の日本の現状を知ることができる，日本のことが知れる（4） ○社会が見えてきた，生きている社会を学んでいる（3）
社会的な出来事への関心，理解（21）	○テレビのニュース，新聞が理解できるようになった（11） ○社会のしくみを知り始めるきっかけになった（5） ○社会や政治への関心（3） ○政治について考えるきっかけ（1） ○メディアの情報について行ける（1）
社会生活における有用性（11）	○自分たちの生活に直接関わる，生活に必要，身近なところで役立つ（8） ○これからの生活の中で役立つ（2） ○リサイクルの仕方を学べた（1）
社会における必要性・重要性（11）	○知っておくべきこと，社会で生きていくのに必要（9） ○社会のことを学ぶのは大事（2）
社会常識一般教養（7）	○一般常識，社会常識，一般教養，社会勉強（7）
中学・高校での学習，受験（5）	中学校・高等学校の勉強の基礎（3） 受験に役立った（2）
自分の進路（3）	○進路・職業の希望につながった（3）
人間形成（1）	○人間形成に役立つ（1）

④公民的学習に対する大学生の有用意識

表2.2.8によれば，公民的学習に対する有用意識として多くあげられている内容は，「政治・社会を知る意義」「社会的な出来事への関心や理解」である。大学生は，政治や社会などについて理解したり，関心をもったりするきっかけとして小学校社会科の公民的学習を有用であると意識している学生が多いといえる。

次に多かった内容は，「社会生活における有用性」「社会における必要性・重要性」「社会常識」である。公民的学習に対して社会で生きていくために必要な学習内容だと考えている学生や現実の生活に直接関わる有用性を感じている学生も多いということである。

中学校・高等学校の学習や受験に役立ったという内容は多くなかったが，ほかの学習ではみられなかった自分の進路を決定するうえで役立ったという記述があったことが特徴的である。

(6) おわりに

本節では，大学生の社会科教育に対する意義・価値に関する意識（有用意識）について，特に小学校社会科に対する意識を中心に調査し，その結果について考察を行った。その成果は以下のようにまとめられる。

①大学生は，社会科教育を大切である意識している。特に，生活や社会で役立つ，よりよい社会をつくっていくうえで役立つという社会科の本質に関わる意識において小・中学生よりも高い意識を有している。

②小学校社会科に対する大学生の有用意識は，小学生と比較すると，社会問題解決的有用意識が高いという特徴を示している。

③小学校社会科に対する分野別の有用意識に関して，大学生が高く評価した学習は，地域学習と地理的学習である。

④大学生は，地域学習に対しては地域を学ぶことを全体的に有用であると意識しており，地理的学習に対しては基盤としての地理的知識・技能や生活実用的有用性を強く感じている。歴史的学習に対しては人間形成的有用意

識を感じている学生もいるが最も高いのは中・高での学習や受験に対する有用意識である。公民的学習に対しては，生活実用的有用性とともに政治・社会への関心のきっかけとして有用意識を感じている。

本研究で明らかになった社会科教育に対する大学生の有用意識は，社会科教育の意義・価値について再考し，小学校社会科カリキュラムを改善・充実していくうえでの基礎的資料として大変価値あるものであると考えている。特に，大学生が小学校社会科の地域学習と地理的学習に対して高い意義・価値を感じていることの意味は大きいと思われる。今後は，本研究で明らかになったことをもとに，小学校社会科教育・地理教育のあり方を考え，小学校社会科カリキュラムの改善・充実に向けて提案を行いたい。

【注】
(1) 例えば，伊東（2011），國分（2010）の研究がある。大学生の社会科観として，伊東は暗記を，國分は暗記と教師主導をあげているが，有用性への言及はみられない。
(2) 小学校6年生における有用意識に関する調査では，地理的内容の平均値3.75，歴史的内容の平均値3.55，公民的内容4.06という結果で，公民的学習に対する有用意識が最も高かった。
(3) 小学校6年生が各学年の社会科の内容に対して感じた有用意識（平均値）は，3年生3.74，4年生3.74，5年生3.89，6年生4.06という値で，中学年が高く，高学年が低いという結果であった。
(4) 「地理」「歴史」「公民」という語から中学校や高等学校の学習内容と併せて回答していると思われる記述も見られたが，除外せずに表を作成した。また，小学校社会科の学習内容を覚えていないという回答も少なからずあった。

【参考文献】
伊藤裕康「地理学習の変革と『物語り』」山口幸男編『地理教育・社会科教育の理論と実践』古今書院，pp.21-32，2012.3
伊藤裕康「地理の『有用性』が分かる地理学習―物語構成学習による地理学習の開発―」『地理学報告』第115号，pp.29-38，2013.12
伊東冨士雄「学生・教師の『社会科は暗記物である』という社会科観を変容させるための試み」『玉川大学教師教育リサーチセンター年報』No.2，pp.71-77，2011.3
加藤章「『社会科体験』の意味するもの」『社会科教育研究』No.41，pp.15-32，1978.12
草原和博「地理教育の社会化―我が国の地理教育変革論の体系と課題―」「社会系教科教育学研究」第18号，pp.1-10，2006.11
國分麻里「大学生の社会科観に関する一考察：テスト問題の改善と授業案の作成を通じて」

『中等社会科教育研究』第29号，pp.23-34，2010.3
国立教育政策研究所教育課程研究センター「平成15年度小・中学校教育課程実施状況調査質問紙調査集計結果」2005.4
佐藤浩樹「社会科教育の意義・価値についての小学生の意識に関する研究―小学校社会科カリキュラム改善に向けて―」『地理教育研究』No.13，pp.9-16，2013.11
西脇保幸「あらためて地理教育の意義を考える」『新地理』第62巻第3号，pp.1-7，2014.12
山口幸男「地理教育の本質と地理学習論の研究課題」『地理教育研究』No.1，pp.1-8，2008.3
山口幸男・山本友和編著『初等社会科教育研究』学芸図書，2009.3

第3章

地域学習の新構想

第1節　入門期における小学校社会科学習の課題とあり方

(1) はじめに

　平成元年の学習指導要領改訂において低学年社会科・理科が廃止されて生活科が誕生するとともに高等学校の社会科が解体され，社会科は小学校第3学年から中学校第3学年までの7年間の教科となった。社会科が小学校第3学年からスタートすることに関しては，生活科との接続・発展，関連を図ることが考慮され，生活科との関連を意識した単元「身近にある公共施設や地域の人々の協力の様子」が設定された。この単元では社会参加としての体験的活動が重視され，「公共施設の利用に自分はどう関わったらよいかに気づき，それを態度化・行動化できること」「自分たちの生活が地域の人々の協力活動によって支えられていることに気づき，それに協力できる態度を育成すること」が大切であるとされた（中野 1990）[1]。また，小学校第3学年の目標に，地域を大切にする態度の育成が加わり，小学校第3学年の地域学習は，単に自分が生活している地域の自然，生活，歴史を知るということにだけねらいをおくのではなく，地域に生活することのよさを知り，積極的に地域を大切にし，地域をさらによくしていこうとする態度づくりにねらいがあることを忘れてはならないとされたように，（高野 1989）[2]，平成元年版学習指導要領第3学年社会科の目標・内容は，態度形成・社会参画を重視するものであった。

　しかし，1998（平成10）年の学習指導要領改訂で「身近にある公共施設や地域の人々の協力の様子」の内容が統合・削除され，社会科学習は，身近な地域の学習（地理的学習）からスタートすることとなった[3]。このことに関しては，第3学年の社会科の授業時数が105時間から70時間に減少したこともあり，ほとんど話題にもならず，現在に至るまで身近な地域の学習が社会科の第1単

41

元となっており，身近な地域の学習は地域社会の生産や販売，諸活動，他地域との結びつきや協力の様子を理解するうえでの基礎と位置づけられている[4]。

このような現状に対し，片上（2010）は，4年間に圧縮された社会科のあり方，そのなかでの入門期社会科のあり方について本格的な議論はなされてこなかったと述べ，4年間に圧縮された小学校社会科の入門期をどう考えるかは，小学校社会科そのもののあり方の根幹に関わる重要な問題だったと指摘して，社会科学習が身近な地域の学習（地理的学習）からスタートすることに対して疑義を投げかけた[5]。そして，地理的学習という視点に立った"地域がわかる地域学習"を否定しているのではないとしながらも，その地域にしか通用しない見方や考え方などを得させて満足することになりはしないかと述べ，入門期の社会科学習は，地理的学習という視点に立った"地域がわかる地域学習"よりも『社会研究科』の視点に立った"社会がわかる地域学習"が望ましいと提案した。具体例として佐藤の実践「地域の店」を取り上げ[6]，入門期の社会科学習は，生活科との学年的接続や学習面での関連を考えて素材やフィールドを地域に求める地域学習で，しかし学習のポイントは，社会科の固有性をふまえて，"社会がわかる地域学習"がよいとした。

片上の提案は，カリキュラムの全体像が示されていないため身近な地域の学習の位置づけが不明確であり[7]，佐藤の実践のような"社会がわかる地域学習"を社会科の第1単元として身近な地域の学習の前に行う必要があるのかは必ずしも明確ではない。しかし，片上の提案は，身近な地域の学習から社会科学習がスタートすることの意義を改めて問い直しているものであるといえる[8]。

そこで本節では，氏の提案を受けて，社会科第1単元としての身近な地域の学習の意義について再検討し，入門期の社会科学習のあり方を考えていくことにしたい。

(2) 身近な地域の学習の意義の再検討
①地域学習の意義

　小学校第3学年から始まる社会科学習を地域学習からスタートさせることは，外国との比較やつながりを取り入れるという意見はあるにしても，ほぼ異論がないと思われる。地域学習の重要性については，佐島（1980，1985），朝倉（1989），谷川（1991），宮崎（1995）らによってさまざまに論じられている[9]。地域学習が重要なのは，身近な地域が独特の教育的意義を有しているからであり，それは，第1に児童の生活経験領域であり，実践行動の場であること，第2に野外学習が体系的にできることである（山口2009）[10]。地域学習は，目的概念と方法概念によってとらえられるが，前者には地域の知識・理解を図るという知的側面と地域の一員としての自覚や発展を願う態度・郷土愛を育成する情意的・態度的側面があり，後者は地域の学習をその後の学習のために位置づけるもので，興味・関心の喚起や見方・考え方を身につけることがねらいとなる。先に述べた身近な地域の第1の教育的意義が目的概念的意義であり，第2の意義が方法概念的意義といえる。片上は，入門期の社会科の学習対象として何度も足を運べる「地域の店」が望ましいとして方法概念的な意義を重視しているが，社会科入門期である小学校第3学年の地域学習で最も大切なことは何であろうか。

　地域学習の根本は，児童の生活経験領域についての学習，すなわち実感的地域（赤羽1989）についての学習ということである[11]。その学習を通して，児童は次のようなことを実感的に理解できるのである。

　　○自分が住み，くらしているのは，この地域・まち・土地なんだ！
　　○そこにはこんなものがあり，こんな人がいて，こんな活動をしているんだ！
　　○それらが関連し合ってこの地域・まちがつくられているんだ！
　　○その中で自分もいろんなもの・ことと関わりながら生きているんだ！

　このような地域の個性と役割を自分との関わりで理解し自覚すること，すなわち地域を実感的に理解することが，地域学習ではきわめて大切なことである。

そして，山口（2009）は，地域学習（郷土学習）について，「客観的・事実的認識に加えて，心情的・態度的側面を取り入れることによって，社会科教育の目標に到達できるのである。ここでいう心情的・態度的側面の中核となっているのは「郷土の発展に貢献しようとする態度」の育成であり，このことは，社会科教育の究極目標である国家社会の形成者として必要な公民的資質の育成につながるものである」と述べ，地域学習における態度的側面の重要性を指摘している(12)。地域の認識にとどまらない地域に対する実感的理解は，地域への関心を高め，地域を大切にし，地域の発展を願う態度を培い，ひいては地域の課題を解決しようとする態度を育てることにもつながっていくのである。

　谷川は，地域学習の意義の1つとして，自己のアイデンティティ確立をあげ，「社会科では社会の中における自己の立場を自覚させることが大切である。自分という人間が何であるのか，どういう所でどのように生きてきたのか，今後どのように生きていったらよいのかを考えさせ，確かめさせることが今ぜひとも必要なのである。自分自身を知り確認していくことをアイデンティティの確立と呼ぶならば，まさに地域学習こそその使命をになうべきである」と述べている(13)。これは，地域学習が人間形成，人格形成の基盤となることを示している。山口（2009）も，シュプランガーの「故郷は精神的根源感情」であるという言葉を引用して，人間形成・人格形成にとって郷土体験（知情意の全体的体験）が不可欠であり，とりわけ小学校期においてに重要であることを論じている(14)。地域を学ぶことで，地域を実感的に理解し，地域に対する興味・関心，愛着，所属感を感じ，地域に主体的に関わろうとする態度を育み，人間形成・人格形成の基盤を築いていく。これこそが地域学習の意義の根幹をなすものであろう。

②身近な地域の学習の重要性

　今まで地域学習の意義について再確認してきたが，地域学習のそれぞれの内容についてその意義を論じることは少なかった。平成20年版学習指導要領では，地域学習は，(1) 身近な地域や市区町村の地理的環境，(2) 地域の生産や販売，(3) 飲料水等の確保や廃棄物の処理，(4) 地域社会における災害や事故

の防止，(5) 地域の人々の昔の生活，(6) 都道府県の様子の6つの内容によって構成されているが，地域の実感的理解を最も直接的に具現化する学習は，地域そのものを学習対象とし，地域を全体的・総合的かつ体験的に学ぶ身近な地域の学習（内容(1)）である。

　入門期の社会科学習に位置づく第3学年の第1単元は，7年間の社会科学習のイメージを形成する象徴的な単元である。その学習は，先に述べた地域学習の根幹である地域に対する実践的態度を培い，人間形成の基盤を育成することを中心的な目標とする学習でありたい。それは，地域がわかることにとどまらず，地域が好きになり，地域への関心と地域学習への意欲を高めるような学習であり，フィールドワークをもとに地域の特色を追究して地域のよさに気づき，この地域でくらし，生きていくという意識をもてるような学習である。そのためには，社会科学習の第1単元は，地域そのものを学習対象とする学習，すなわち身近な地域の学習（地理的学習）がふさわしいと考える。身近な地域の学習を基盤としての地域学習が展開され，中学年の地域学習全体を通して，地域の成員として地域について考え，地域の発展に貢献しようとする態度を身につけていくようなカリキュラムを構成していくことが必要である。

(3) 児童の意識からみた身近な地域の学習の課題

　今まで身近な地域の学習の重要性について述べたが，児童は，身近な地域の学習をどのようにとらえているのであろうか。

　香川県の小学校3年生の児童を対象に意識調査した篠原 (1992) は[15]，学校のまわりの様子の学習は，3年生の学習内容のなかで児童が最も高い興味・関心を示す学習であるとし，その理由として野外学習を通じて具体的事象に接することができることをあげている。ただし，市町村全体の学習への興味・関心はあまり高くないとしている。東京都，埼玉県の児童を対象に調査した北 (1999) によれば[16]，「わたしたちの市のようす」の学習への興味・関心は全単元中最も低くなっている。そして，3年生の児童は，学習内容よりも，調べてまとめる活動におもしろさを感じていると述べている。

また，小学校6年生の3月に小学校3～6年の社会科学習を振り返らせ，内容（単元）ごとに有用意識を5段階で調査した佐藤（2013）によれば，身近な地域の学習は，小学校社会科全15単元で最も有用意識が低いという傾向を示している。学校のまわりや市（区，町，村）全体の特色を知ることが，小学生にとってあまり役立つと意識されていない。特に，生活実用的有用性意識や社会問題解決的有用性意識に比べ，人間存在論的有用性意識が低いという傾向がみられ，身近な地域の学習がこれからの自分の生き方を考えていくことと関わりが薄いととらえられている（第2章第1節参照）。

　これらのことから，身近な地域の学習は，校外に出て社会的事象を観察・調査し，地図などにまとめる活動に興味・関心を示すが，地域の地理的特色を理解することにはあまり意義・価値を感じていないものになっているといえる。学習活動に重点がおかれ，地域の特色を調べる学習にとどまっていたため，有用意識という観点からみたときに大きな課題が表れたと思われる。

　一方，身近な地域の学習は，教師にとって指導に困難さを感じる単元の1つであるとされている（志村・茨木・山本 2014）[17]。特に市（区，町，村）全体の様子の単元においてその傾向が顕著であり（北 1999）[18]，身近な地域の学習は，教師の指導面からも授業改善が求められている内容でもある。

　すなわち，身近な地域の学習はたいへん重要な意義をもっているが，児童や教師の意識からみると課題があり，社会科第1単元として十分機能しておらず，カリキュラム面からも学習指導面からも改善する必要があるということである。

（4）身近な地域の学習の改善の方向性

　身近な地域の学習を改善し，社会科第1単元として意義ある学習とするための方向を示唆しているのが，社会科第1単元において社会参加を通して地域を大切にし，地域をよりよくしようとする態度の重要性を示し，社会参画を指向していた平成元年版学習指導要領である。その考え方を取り入れることで，身近な地域の学習を，野外調査や地図づくりなどの活動を重視しながら，地域の特色を理解することにとどまらず，地域の自然や人との交流を通して自分との

関わりで地域を理解し，地域のよさや地域のもつ意味を考え，地域を学習する意義を実感できるようにしていくことができる。そしてそのことが，身近な地域の学習に対する有用意識を高めることにもつながると考える。そこで，この改善の方向性を具体化している身近な地域の学習の実践例を2つ取り上げて考察を行うことにする。

①実践例1「学校のまわりのようす」(名古屋市立八事東小の実践2010)

本実践は，小出康貴が，2010年に「地域社会に対する誇りと愛情をはぐくむ子どもが育つ社会科学習」というテーマのもとに行ったものである[19]。フィールドワークをもとに地域の特色をデータマップにまとめたあと，2度目のフィールドワークを行い，地域の人との交流によって学びを深め，地域活動会議を開いて学区のよさを考え，地域のよさを伝えるフィールドワークのコースを提案した実践である。指導計画は表3.1.1に示したとおりである。

小出の実践は，フィールドワークを行って地域の特色に気づいたあと，「支える人から学ぶ」→「価値を実感する」→「これからを考える」と展開する学習過程がたいへん工夫されている。地域の地理的な特色を理解したうえで，地域の人々との交流によって，地域の特色ある事象や活動について理解を深め，地域のもつよさや価値に気づき，自分の思い・考えを発信・提案している。社会参画の視点を取り入れた地理的学習としてたいへん意義ある実践であろう。この学習により児童が地域のよさに目を向け，地域への愛着や誇りをもつきっかけとなり，地域の特産物であるにんじん農家の学習に意欲的に取り組むことにつながっていった。

②実践例2「安中市ってどんなまち」(安中市立碓東小学校の実践2012)

本実践は，2012年に佐藤なみ子・浅川素代によって行われたものである[20]。2度実施した安中市内のフィールドワークによるさまざまな気づき・出会いをもとに，安中かるたや各種地図を活用して市の特色を調べてまとめ，まちのよさを提案するマップを作成して市内の新幹線の駅に掲示して発信した実践である。

本実践に関しては，学年末に1クラスの児童を対象に実践を振り返って12

表3.1.1 「学校のまわりのようす」指導計画（16時間）

段階	時	学習内容
特色に気づく	1	身近な地域の気になる場所を調べカードにまとめる。
	2	発表を聞いたり，地図を見て疑問に思ったりしたことを話し合い，学習問題を作る。「八事東学区はどんな学区か調べよう。」
	3	調べてみたい場所を決めて，フィールドワーク１の計画を立てる。
	4, 5	フィールドワーク１を行い，学区の様子や人々の活動を調べる。
	6, 7	分かったことを絵地図にまとめる。
	8	これまでに分かったことをもとに，地図記号を使ってデータマップを作る。
	9	地域の特色を考える。
支える人から学ぶ	10	もっと調べてみたいことを考え，フィールドワーク２の計画を立てる。
	11, 12	フィールドワーク２を行い，地域の様子や人々の活動を調べる。
	13	分かったことをデータマップに追加する。
価値を実感する	14	地域活動会議１を行い，学区のよさについて考える。
これからを考える	15	地域のよさを伝えるために，案内するとよいところを選び，フィールドワークのコースを考える。
	16	自分で考えたフィールドワークのコースを地域活動会議２で提案する。

項目のアンケート調査（5段階調査）を実施した[21]。その結果をまとめたものが表3.1.2である。その結果をみると，楽しかった，特色がわかった，市が好きになった，住んでいたよかったという質問の評価が高く，意欲的に学習して地域の特色を理解し，地域へ愛着を感じていることがわかる。また，参画意識，有用意識においても高い評価が得られている。自分の生き方を考えていくのに役立つかという人間存在論的有用性に関する項目は，小学校３年生には難しいものであるが，この項目で児童の評価が高いことは特筆すべきことであろう。地域への関心や問題意識はそれらに比べれば高い値ではないが，全体として児童が本実践を肯定的にとらえ，自分にとって意義・価値があると評価していることがうかがえる。

　2つの実践の共通点として，①目的意識をもった2度のフィールドワーク，

②人との交流，③地域のよさを考え，提案する活動があげられる。学習を地域の特色を理解するだけに終わらせず，社会参画の視点を取り入れ主体的に地域に関わるように単元構成がなされている。地域がわかることは大事であるが，それにとどまらず，地域のよさを考えたり提案したりする学習を通して，地域のもつ意味や価値を感じ，地域に対する主体的な態度を形成している。この２つの実践結果は，先に述べた身近な地域の学習の改善の方向性が有効であることを示唆している。

片上は入門期の社会科学習は，"社会がわかる地域学習"

表3.1.2 『安中市ってどんなまち』の学習に対する児童の意識

（調査人数29人）

質問項目	5の％　4の％ 合計の％
1 楽しかったか。	58.6　31.0 89.7
2 安中市の様子や特色がわかったか。	51.7　41.4 93.1
3 社会科の勉強の仕方がわかったか。	51.7　34.5 86.2
4 安中市についてもっと知りたい・調べたいと思ったか。	34.5　41.4 75.9
5 安中市のことが好きになったか。	82.8　6.9 89.7
6 安中市のイベントなどに参加したいと思うようになったか。	48.3　37.9 86.2
7 安中市のいろいろな問題について考えたいと思うようになったか。	27.6　41.4 69.0
8 安中市に住んでいてよかったと思ったか。	82.8　6.9 89.7
9 2,3学期の社会科学習に役立ったか。	34.5　55.2 89.7
10 生活に役立ったり生活を豊かにすると思ったか。	37.9　41.4 79.3
11 社会のいろいろなことを知り，問題を解決するのに役立つ思ったか。	34.5　31.0 65.5
12 これからの自分の生き方を考えていくのに役立つと思ったか。	44.8　37.9 82.7

＊数値は，それぞれの質問に対して，5または4と答えた児童の割合（％）（5段階調査）。

が望ましいとしたが，筆者が望ましいと考える入門期の社会科学習は，片上流にいうならば，"地域のよさが実感的にわかる地域学習"であり，"地域に対する実践的態度の基礎を培う地域学習"である。フィールドワークを通して地域のさまざまな事象と出会い，地域の人と触れあい，地域のよさを考えて提案するような社会参画の視点を取り入れた身近な地域の学習こそが社会科の第1単元としてふさわしいのであり，このような学習を通して地域を全体的・総合的に理解することが社会を理解するということなのである。

(5) 入門期社会科学習の再構成

入門期の社会科学習は，社会参画の視点を取り入れた身近な地域の学習からスタートすべきであるとしたが，入門期の社会科学習をさらに充実したものにするために，第3学年社会科のカリキュラムについて検討したい。その際参考となるのが，表3.1.3に示した日本女子大学附属豊明小学校のカリキュラムである[22]。

豊明小学校の第3学年社会科カリキュラムは，主として，1学期に学校のまわりの様子，2学期に文京区の様子と工場の仕事と工夫，3学期に学校の歴史を学習するカリキュラムとなっている。入門期社会科学習の第1単元として学校のまわりの様子の学習を位置づけ，この学習に20時間を配当している。社会科の入門期において地理的内容（地誌的内容）に重きをおき，地域の自然，土地利用，生活，人に直接触れて実感的に理解するフィールドワークを重視している[23]。このカリキュラム構成は，身近な地域の学習が地域学習の基盤となることを改めて示している。

豊明小学校のカリキュラムは，区の地理的特色を地誌的に学ぶ学習と区の特徴的な産業（工場）とを関連させて取り上げていることも特徴的である。先に取り上げた小出の実践でも，学校のまわりの様子の学習を学区域の特色である八事にんじん農家の学習へと関連・発展させている。これらのことは，身近な地域の学習（地誌的学習）と産業学習とを関連させて単元を構成することが効果的であることを示している。また，豊明小学校では，学校のまわりのフィー

ルドワークにおける子どもたちの歴史的な気づきをもとに地歴連携の学習も構想している[24]。これは，地理的内容と歴史的内容とを関連させて地域を全体的・総合的に学習する単元構成の試みとして注目される。すなわち，地域学習においては，地理的学習を基盤として，地域の産業や歴史を関連させて単元構成することが地域学習をより充実させることにつながる可能性を示している。

そこで，入門期の社会科学習を，身近な地域の学習と地域の販売・生産の学習と地域の歴史の学習とを統合

表3.1.3　日本女子大学附属豊明小学校の3年生の社会科カリキュラム（2013年度）　　　　　　　　（80時間）

月	単元名
4月	学校のまわりのようす（20時間）
5月	わたしの家のまわりのようす（4時間）
6月	
7月	文京区のようす（11時間）
9月	
10月	わたしのすんでいる市，区のようす（9時間）
11月	工場の仕事と工夫（14時間）
12月	
1月	豊明小学校の歩み（22時間）
2月	＊学校行事に合わせて年間，適宜取り入れる
3月	

＊地域の商店についての学習は生活科のなかで扱う。

させた学区域の学習と市区町村の学習とに再構成し，学区域の学習を市区町村の学習へ発展させるようにすることを提案する[25]。学区域の学習は，①学区域の地理的環境の学習，②学区域における販売（または生産）の学習，③学区域のむかしのくらしの学習で単元構成し，市区町村の学習は，①市区町村の地理的環境の学習，②市区町村における生産（または販売）の学習，③市区町村

の文化財や年中行事，移り変わりの学習で単元を構成するようにするということである（表3.1.4）[26]。

表3.1.4 入門期社会科のカリキュラム再構成案

大単元名	小単元名	主な内容
1 わたしたちの△△地区	①学校のまわりのようす	学校のまわりの地理的環境
	②わたしたちのまちの商店	まちの商店と人々のくらしとの関わり，商店の工夫
	③△△地区のむしのくらし	地区に残る昔の建物，道具，くらし
2 わたしたちの□□市	①□□市全体の様子	市全体の地理的環境
	②わたしたちのくらしを支える□□市の工場・農家	市の生産活動の特色，くらしとの関わり，工場や農家の仕事の工夫，他地域とのつながり
	③□□市の文化財・年中行事と移り変わり	□□市に残る文化財や年中行事，保存の取り組み，□□市の移り変わり

すなわち，第3学年の第1単元は，社会参画的視点を取り入れた学校のまわりの地理的環境の学習を中心に，それと関連させた地域の商店の学習，地域に残る古い建造物や道具などを通したむかしのくらしの学習で構成し，第2単元は，第1単元を発展させた市区町村全体の地理的環境の学習を中心に，市区町村の特色ある産業の学習，市区町村の文化財や年中行事，移り変わりの学習で構成するようにする[27]。そして，第4学年の水やゴミ，消防や警察などの学習，市役所の役割や地域の防災などの地域社会の学習につなげていくようにするという流れである。

以上述べたように，身近な地域の地理的内容を基盤として地域の生産・販売や地域の歴史の学習を関連させて単元構成し全体的・総合的・体験的に学習を行い，学区域から市区町村へ空間を広げて発展的に展開することで，入門期の社会科学習としての身近な地域の学習の価値を高めるとともに，人間形成・人格形成の基礎を培うという地域学習の本質を志向する学習となることであろう。

(6) おわりに

本節では，地域学習の意義を再確認し，社会科第1単元としての身近な地域

の学習について検討することを通して入門期社会科のあり方を考察した。その結果は以下のようにまとめられる。

　①地域学習の根幹は，地域そのものについて学習する「身近な地域の学習」である。入門期の社会科学習では地理的学習を重視すべきであり，社会科導入単元は，「身近な地域の学習」がふさわしい。

　②地域学習の最終目標は地域における実践的態度の育成である。社会科導入単元としての「身近な地域の学習」は，地域の特色を考え理解させることにとどまらず，地域に対する態度の育成を指向した学習としたい。「身近な地域の学習」では，地域における実践的態度の基礎である「地域に関心を持ち，地域が好きになり，地域を大切にしようとする態度」を培うようにしたい。

　③社会科第1単元として「身近な地域の学習」の充実を図るためには，地域のよさを考えて提案するなどの社会参画的な視点を積極的に取り入れ，地域のもつ意味や価値について考えるようにすべきである。

　④「身近な地域の学習」を学区域の学習と市区町村の学習とに再構成し，地理的内容を基盤として発展的にカリキュラム構成することで，入門期社会科学習としての「身近な地域の学習」を充実させ，その価値を高めることができる。

　社会科の入門期をどう考えるかは，社会科そのもののあり方の根幹に関わる重要な問題であったという片上の問題意識はきわめて重要である。片上の提起した問題は，"社会がわかる"か"地域がわかる"かという問題にとどまるものではなく，社会がわかること（社会認識）を重視するのか，地域がわかることを通して地域に対する態度を育てること（公民的資質）を重視するかという社会科教育のあり方の根幹に関わる問題なのである。

　入門期の社会科は，児童が初めて社会科という教科と出会い，社会科という教科に対するイメージを形成していくうえで大きな影響をもつ。だからこそ片上は入門期の社会科のあり方を問題にし，社会研究科としての社会科を実感できる社会科導入単元を提案したのであろう。それに対し筆者は，社会参画的視

点を取り入れた「身近な地域の学習」（地理的学習）こそが，社会科第1単元としてふさわしいと考え，そう考える理由を述べるとともに，入門期の社会科カリキュラムの再構成案を示した。入門期の社会科学習をどう考えるかについてさまざまな意見が出され，社会科のあり方について議論が深まることを期待したい。

［追記］
　平成29年版学習指導要領では，「身近な地域や市町村の様子」の内容は，授業時間数の配分などを工夫して，「自分たちの市」に重点をおいた効果的な指導を行うように求めている。身近な地域の学習は社会科第1単元として重要な価値をもっており，身近な地域の学習も市町村の学習も重視すべきである。自分たちの市に重点をおき，身近な地域の学習を軽く扱うことには疑問を呈しておきたい。

【注および参考文献】
(1) 中野重人編『3年・生活科と関連づけた「地域学習」』明治図書，1990.2
(2) 高野尚好編『社会科の解説と展開』教育開発研究所，1989.7
(3) 本章では，身近な地域の学習という語を，学校のまわりや区市町村全体の地理的特色について学ぶ学習，すなわち平成20年版社会科学習指導要領第3，4学年の内容（1）の学習をさすものとする。
(4) 文部科学省『小学校学習指導要領解説社会編』p.21，2008.8
(5) 片上宗二「入門期社会科学習の新展開をめざして―「社会研究科」としての社会科の出発―」『社会科教育研究』No.111 pp.1-12，2010.12
(6) 安野功編著『ヤング感覚"ザ・社会科授業"』明治図書，pp.75-76，2009.2
(7) 片上は社会研究科のカリキュラムとして，入れ子型カリキュラムを提唱しているが，その性質上定型的なカリキュラムを示すことが難しく，身近な地域の学習の位置づけは不明である。片上宗二『社会研究科による社会科授業の革新―社会科教育の現在，過去，未来―』風間書房，2011.9
(8) 身近な地域の学習（「学校のまわりの様子」の学習）については，その重要性を認めながらも，生活科の「まちたんけん」の学習と内容が重なることから，いらない単元であるとする主張もある。齋藤幸之介「実践力を育てる社会科を実践するために」『社会科　教育』No.664，p.85，2014.8
(9) 佐島群巳「小学校社会科における地域学習」朝倉隆太郎先生退官記念出版会『社会科教育と地域学習の構想』明治図書，p.17，1985／朝倉隆太郎「地域と地域学習の本質」

朝倉隆太郎編著『地域に学ぶ社会科教育』東洋館出版社，pp.7-14，1989.8／谷川彰英「2 地域学習の意義」谷川彰英・臼井嘉一編著『小学校地域学習の授業づくり』東京書籍，pp.13-17，1991.6／宮崎正勝「初等社会科における地域学習の意義と方法─話し合い，イメージ・マップ作り，物語作りを中心にして─」『教育法学法学研究』第 20 巻，p.119，1995.3

(10) 山口幸男・山本友和編『初等社会科教育研究』学芸図書，p.34，2009.3
(11) 赤羽は児童・生徒が日々体験している生活空間を実感的地域と呼び，社会科教育における意義を強調した。赤羽孝之「地理教育と地域」朝倉隆太郎編著『地域に学ぶ社会科教育』東洋館出版社，pp.23-31，1989.8
(12) 前掲書，山口編（2009）p.36
　　朝倉（1985）は「地域に限らず，すべて学習する対象を学習時において単なる手段と考えて，果たして学習効果が上がるものだろうか。地域をその価値故に指導して，初めて自分たちの住む地域の発展を願い，地域の中の諸問題をみつめ，それを解決しようとする態度が養われるのである」と述べ，方法概念に寄りかかりすぎた地域学習に疑問を呈し，情緒的・態度的側面を重視した。この指摘は，地域学習において態度形成は最も重視されるべきものであることを示している。今から約 30 年前の指摘であるが，この指摘は現在にも通じるものであり，当時よりもさらに重要性を増しているように思われる。
(13) 前掲書，谷川（1991）p.17
(14) 山口幸男『地理思想と地理教育論』学文社，pp.129-135，2009.10
(15) 篠原重則「小学校 3 学年『身近な地域』の授業実態と教師の意識─香川県の事例─」『新地理』第 40 巻第 3 号，pp.14-28，1992.12
(16) 21 世紀の社会科を創る会・北俊夫編『ニュー社会科のカリキュラムをどう開発するか』社会科教育 '99 年 4 月号臨刊，No.472，1999.4
(17) 志村喬・茨木智志・山本友和・大﨑賢一「社会科教育実践と教師の社会科専門性の実態分析研究」『上越社会研究』第 29 号，pp.31-40，2014.10
(18) 前掲書，北編（1999）p.86
(19) 小出康貴「地域社会に対する誇りと愛情をはぐくむ子どもが育つ社会科学習」2010.8
(20) 『安中市立碓東小学校研修集録』2013.3
(21) アンケート調査は，2013 年 3 月に筆者が実施した。
(22) 2013 年度日本女子大学附属豊明小学校社会科カリキュラムを転載。
(23) 桑原正孝「東京都文京区目白台界隈の地歴巡検─小学校での実践事例をもとに─」全国地理教育学会第 12 回地理教育基礎巡検資料，2014.2
(24) 桑原正孝「学校のまわり（第 3 学年）の巡検における地歴融合的視点の開発」全国地理教育学会第 14 回例会発表資料，2014.8
(25) 学習指導要領の内容の順番は，必ずしも指導の順番を示すものではないが，5 社すべての教科書で第 3, 4 学年の内容 (1) を第 3 学年の第 1 単元，内容 (2) を第 2 単元としており，実質的には指導順を示すものになっている。学区域の学習とは，学校のまわりの地理的環境の学習を中心として，学区域の販売（生産）や昔のくらしなどを関連して総合的に学ぶ学習であり，市区町村の学習とは，市全体の地理的環境の学習を中心

として市の生産(販売)や歴史(文化財や年中行事)などを関連して総合的に学ぶ学習である。水やゴミ、警察や消防などの学習はここには含まないものとする。
(26) 小単元「学校のまわりの様子」と小単元「地域の販売の様子」で大単元を構成すること指向した例としての小池の実践がある(小池亮介「地域社会のよりよい在り方を考える子どもが育つ社会科学習」平成28年度名古屋市教育研究員中間まとめ、2016.7)。第1単元では地域の商店を取り上げることを原則とするが、学区域に学習対象となる商店がない場合には、第1単元で学区域の農家や工場を取り上げ、第2単元で市内の商店を取り上げるようにする。
(27) 第3学年第1単元(学区域の学習)と第2単元(市区町村の学習)は、並列的に扱うのではなく、第1単元の学習を第2単元の学習へ発展・応用させるようにする。具体的展開は第5節で詳しく述べている。

第2節　社会参画学習のあり方とカリキュラム

(1) はじめに

　平成18年の教育基本法および学校教育法の改正により、教育の目標・義務教育の目的に「公共の精神に基づき、主体的に社会の形成に参画し、その発展に寄与する態度を養うこと」が明記された。それに伴う2008(平成20)年3月の学習指導要領改訂では、「持続可能な社会の実現を目指すなど、公共的な事柄に自ら参画していく資質や能力を育成することを重視する方向で改善を図る」という社会科改訂の基本方針に基づいて、公民的資質に「よりよい社会の形成に参画する資質や能力の基礎を含むこと」が明示され、小学校社会科に地域資源学習、中学校社会科地理的分野に身近な地域を調査する学習が新たに設定されるなど、地域・社会の形成に参画する学習(社会参画学習)が重視されることとなった。

　社会科においては、これまでにも提案、発信、未来志向、意志決定、社会参加などさまざまなキーワードを通して多くの参加型学習の実践・研究が積み重ねられてきた。また、社会科学習に社会参加・社会参画を取り入れることに否定的・消極的な考えもある。これらさまざまな意見を整理・検討したうえで、社会参画学習のあるべき姿を示すことが、今求められている。

　そこで本節では、まず、小学校を中心に社会参画学習の課題を検討し、社会

参画学習の方向性を示す。次に，社会科学習における社会参加・社会参画の中身について整理し，社会参加・社会参画の段階，場，形態を明らかにする。さらに，従来あまり重視されてこなかった発達段階に着目し，地域意識の発達傾向と社会参画学習との関連を考察する。最後に，小学校における社会参画学習のカリキュラムの基本的考え方を示し，社会参画学習のあり方と今後の展望について論じる。

(2) 小学校社会科における社会参画学習

安野（2009）[1]によれば，平成20年版学習指導要領における小学校の社会参画学習は，①共に社会を創り上げている人間の姿に学ぶ学習と，②実社会・実生活への応用を重視した学習とにまとめられる。①は社会づくりに取り組む人への共感的理解であり，新たに設定された地域資源学習も，県内の他市町村の地域づくりの取り組みを学び，共感的な理解をねらう学習である。②は実社会・実生活への活用に向けた個人の生活や意識の見直しである。

①と②の学習は重要ではあるが，地域・社会の取り組みに対する共感的理解に重点がおかれすぎており，地域・社会へ主体的に参画する資質・能力を育成するという視点が不十分である。社会の形成に参画する力の育成は，他地域の取り組みを客観的に学ぶことや生活や意識を見直すことだけでは難しい。社会の形成に主体的に参画する力の中核は，地域・社会に対する実践意識・態度であり，そして，実践意識・態度には，その発展として発信・行動という観点が当然含まれるものである。

また，①②を学習過程に組み込んだ学習として，例えば，健康な生活や良好な生活環境を守る諸活動を取り上げ，人々の活動や協力を共感的に理解し，自分たちでできることを考えて取り組む学習が想定されるが，このような社会適応的な内容だけを社会参画学習と考えるのであれば不十分である。

小学校の社会参画学習とは，①②を基盤としたうえで，自分の居住する地域・社会の課題について主体的・多面的・批判的に考え，地域・社会へ参画する学習でなければならない（図3.2.1）。

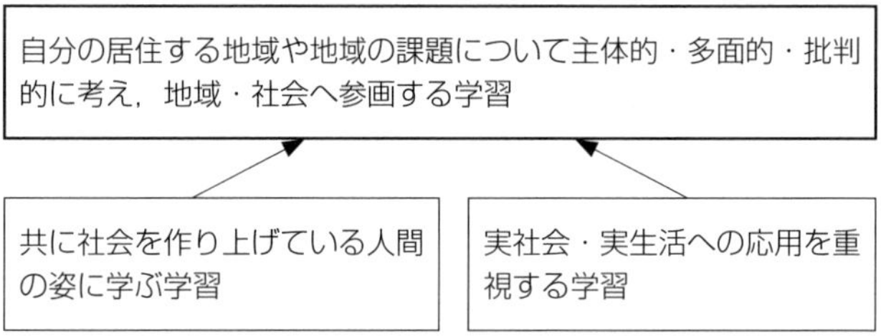

```
┌─────────────────────────────────────────────┐
│ 自分の居住する地域や地域の課題について主体的・多面的・批判 │
│ 的に考え，地域・社会へ参画する学習                    │
└─────────────────────────────────────────────┘
              ↑                    ↑
┌──────────────────────┐  ┌──────────────────────┐
│ 共に社会を作り上げている人間 │  │ 実社会・実生活への応用を重 │
│ の姿に学ぶ学習            │  │ 視する学習             │
└──────────────────────┘  └──────────────────────┘
```

図 3.2.1　小学校における社会参画学習の全体像

(3) 社会科教育における社会参加・社会参画の段階・場と形態

　社会科学習は，知的側面と態度的側面の両者を視野に入れ，両者の関連・統一を重視し，公民的資質の育成を目標とするものであり（山口2002）[2]，「学習指導要領解説　社会編」(2008) において，公民的資質に「よりよい社会の形成に参画する資質や能力の基礎を含むこと」が明示されたことからも，社会参加・社会参画が重要であることは，その程度に差はあっても多くの論者が認めるところである。唐木 (2008) は「社会的有用感の育成」「具体的な経験による社会認識の質的向上」の2点を理由に社会参加の意義を述べ[3]，井田 (2005) も価値判断・意志決定，参加・行動まで含めた学習過程の重要性を指摘している[4]。

　一方，「社会科は子どもの社会認識を深めることに限定すべきで，社会参加などの体験学習に時間を割けば社会認識の質を低下させる」「参加・行動自体が目的となり，一つの価値観によって参加・行動が規定される」などの理由で，社会参加・社会参画を取り入れることに否定的な意見も多い。新学習指導要領に関しても，例えば，片上 (2008) が「実生活や実社会への参加・参画学習を性急に求めないことが肝要である」と述べるように，社会参加・社会参画に消極的な主張がある[5]。

　これは，社会参加・社会参画を狭くとらえていることによるものと思われる。唐木 (2008) は，社会参加に関連した社会科授業を，①「ガイドブックやマップをつくる」活動，②「まちづくりを提案」する活動，③「自分たちにできることを考え，行動する」活動の3つに分類している[6]。長谷川 (2008) は社会

参加を，(1)合意形成，(2)啓発活動，(3)交流，(4)提案，(5)直接参加の5つに分類し[7]，小西（1997）はシミュレーションや「提案する社会科」などにおける判断や提案を思考による参加ととらえて参加の概念を広げ，参加型社会科授業を「行動参加型」と「思考参加型」とに分類している[8]。これらのことから，社会参加・社会参画を，直接参加・行動だけに限定して狭義にとらえるのではなく，思考による参加・参画と発信・行動による参加・参画の両者を含む広義のものとしてとらえることが大事である。社会参加・社会参画には，「思考による参加・参画→発信・行動による参加・参画」という段階があり，学習過程においては，まずは，思考による参加・参画を行い，学習過程に必ず思考による参加・参画を組み込む。そのうえで，発信・行動による参加・参画を取り入れることが必要である。発信・行動による参加・参画は，唐木が述べた2つの理由からたいへん重要な意義をもっているが，学習テーマや発達段階によって，直接的な発信・行動に発展する場合もあるし，そうでない場合もあると考えるのが妥当であろう。

社会参加・社会参画は，参加・参画の場という観点からみると，三種に分けられる。第1の場は教室であり，教室内の学習における参加・参画である。第2の場は家庭・学校であり，第3の場は地域・社会である。また，参加主体の人数によって，個人による参加・参画と集団による参加・参画とに分けられる。

以上述べた参加・参画の「段階」「場」「人数」を整理したのが表3.2.1である。社会参加・社会参画は，A〜Fの6つの形態に分類でき，参加・参画の程度は，Ⅰ-1，Ⅱ-2，Ⅱ-3へと高くなる。この表には，「A高校跡地利用問題」の具体的活動例も示してある。

(4) 地域意識の発達傾向に基づく社会参画学習の内容

社会参画学習の内容は児童生徒の地域意識の発達傾向に即していることが必要である。児童・生徒の地域意識の発達傾向について，地域に対する認識度，イメージ，態度の観点から群馬県の小中学生776名に対して行った調査結果をまとめたものが表3.2.2である[9]。

表 3.2.1 社会参加・社会参画の段階・場と形態

段階	場	人数	形態	学習活動	具体的活動例	参加・参画の程度
Ⅰ 思考による参加・参画	1 教室	個人	A	○課題について個人で提案等を考える活動	○A高校跡地の利用について自分の提案を考える。	弱い ↑↓ 強い
		集団	B	○各自考えた提案等をクラスで発表，討議する活動	○A高校跡地の利用について提案を考え，クラスで発表・討議する。	
Ⅱ 発信・行動による参加・参画	2 学校・家庭	個人	C	○授業で考えた提案等を各自学校や家庭で発信する活動	○A高校跡地の利用について授業で考えた提案を学校内に掲示する。	
		集団	D	○保護者等を学校へ招いて提案等を発表・討議する活動 ○提案等について他校と交流する活動	○保護者や地域住民を学校に招き，A高校跡地についての考えを提案・発表し，討議する。	
	3 地域・社会	個人	E	○授業で考えた提案等を各自地域・社会へ発信・行動する活動	○A高校跡地の利用について授業で考えた提案を市のwebページに投稿する。	
		集団	F	○授業で考えた提案等をクラス・グループで地域・社会へ発信・行動する活動	○市の担当者を学校に招き，A高校跡地についての考えを提案・発表し討議する。 ○市役所を訪問し，A高校跡地についての考えを提案・発表する。	

注：具体的活動例は「A高校跡地利用問題」の実践プランを例にしたものである。

　表3.2.2によれば，小学校中学年では，地域を好意的・肯定的・主観的にみる傾向があるのに対し，小学校高学年から中学生にかけては，地域を嫌悪的・否定的・客観的にとらえるようになっていく。また，小学校中学年においては，自然や観光，楽しさ・明るさのイメージが重視されるが，小学校高学年以降は，安全性・都市性，生活の充実のイメージが重視されるように変わっていく。

　社会形成力の基礎である地域に対する態度について，学年別得点データを示したものが表3.2.3である[10]。表3.2.3では児童・生徒の地域に対する態度を，

地域に対する興味・関心，愛着感，所属感，主体的関与の4つの側面からとらえているが，どの側面も小学校5年をピークに低下する傾向を示す。興味・関心や主体的関与の態度が低い傾向にあり，低下率も大きい。

しかし，愛着感や所属感はあまり低下せず，項目別にみると，「発展願望」（発展してほしい）は中学校段階になってもほとんど低下しないという傾向を示す。一方で，「参加意識」（地域の活動などに参加したい），「考え意欲」（地域のために考えたい），「関わり意欲」（地域のために何かしたい）といった主体的関与の意識・態度は小学校5年生をピークに大きく低下してしまう。このことは，地域の一

表3.2.2　児童・生徒の地域意識の発達傾向

学年段階	小4，小5	小6，中1	中2，中3
全体傾向	好意的 ──────────── 嫌悪的 主観的 ──────────── 客観的		
認知的イメージの確立	自然に関するイメージ	産業・都市のイメージ	都市生活に関するイメージ
情意的イメージの傾向	肯定的 ──────────── 否定的 にぎやかさ・楽しさ・明るさの イメージが否定的になっていく		
重視されるイメージ	自然・観光 ──────── 安定性・都市性 楽しさ・明るさ ──────── 生活の充実		
地域に対する態度	高い ──────────── 低い 小5でピーク　　　中2で最低となる		

表3.2.3　児童・生徒の地域に対する態度の得点の推移

	小4	小5	小6	中1	中2	中3
興味関心	2.87	3.00	2.72	2.64	2.27	2.31
問題関心	2.70	2.84	2.68	2.64	2.24	2.41
調査勉強	2.72	2.96	2.65	2.41	2.01	2.09
行動関心	3.62	3.71	3.57	3.40	3.07	2.91
愛着感	2.88	3.19	2.89	2.72	2.38	2.59
好き	3.36	3.45	3.29	3.10	2.94	2.89
悪口反発	2.70	3.09	2.80	2.55	2.18	2.47
発展願望	2.91	3.40	3.40	3.34	3.36	3.45
所属感	2.91	3.40	3.20	3.21	2.82	2.96
住みたい	3.14	3.20	2.97	2.89	2.61	2.59
仲間意識	2.71	2.87	2.68	2.58	2.03	2.37
がんばり意識	2.86	3.19	2.98	2.89	2.39	2.60
主体的関与	2.86	2.92	2.76	2.57	2.20	2.28
参加意欲	2.70	3.19	2.91	2.75	2.28	2.34
考え意欲	2.53	2.61	2.53	2.44	2.06	2.19
関わり意欲	3.02	3.09	2.85	2.79	2.30	2.40

＊4段階尺度評価　中間値2.5

員として地域に愛着を感じ，地域の発展を願う意識が自分の問題とはならず，地域に主体的に関わる態度に結びついていないことを示している。

　以上のような児童・生徒の地域意識の発達傾向を基にすると，中学年段階では自然や観光・祭りなどの地域の魅力を取り上げ，地域のよさや地域に対する願い・思いを表現する学習を展開し，高学年から中学校段階では地域の安全や都市生活に関わる課題などを取り上げ，将来像や解決の方策を考える学習を展開するのが適切であると考えられる。

(5) 社会参画学習のカリキュラムの基本的な考え方

　筆者は地域意識の発達傾向や社会参加・社会参画の段階に基づいた教材開発や実践を重ねてきたが，その実践や実践プランを以上の考察をふまえ，検討・整理し，小学校における社会参画学習のカリキュラムの基本的な考え方を提案する。それが表3.2.4である。表3.2.5には，筆者のこれまでの実践概要を示した。実践の詳細は佐藤（2006）を参照されたい[11]。

　小学校中学年（3，4年）に関連して行った社会参画学習の実践は，①「わたしたちのまち―安中―」，②「坂のまち安中をアピールしよう」，③「商店街にぎやか作戦」，④「中宿灯籠人形を続けるべきか」，⑤「新ゴミ最終処分場建設問題を考える」，⑥「群馬県イメージアップ作戦」である。

　これらの実践は，中学年の地域意識の発達特性，すなわち，地域への愛着感が高い，地域のよさ・魅力への関心が高い，地域を主観的にとらえて考えるなどの中学年の発達特性をふまえた実践である。社会参加・社会参画に関わっていえば，「関心」「愛着感」「共感」に基づく社会参加・社会参画という点に特徴をもつ。

　参加・参画の段階および場からみると，①，②は「Ⅱ－2」（発信・行動，学校・家庭），③は「Ⅰ－1」（思考，教室），④は「Ⅱ－2」，⑤，⑥は「Ⅰ－1」にあたり，このことから，中学年においては，「Ⅰ－1」と「Ⅱ－2」の段階・場に特徴を持たせることがよいと筆者は考える。もちろん，中学年においても「Ⅱ－3」（発信・行動，地域・社会）の段階・場も当然あり得るが，特徴としては，

表 3.2.4 小学校における社会参画学習のカリキュラムの基本的な考え方

	中学年			高学年		
社会参加・社会参画の段階・場	Ⅰ-1	Ⅱ-2	Ⅱ-3	Ⅰ-1	Ⅱ-2	Ⅱ-3
	◎	○	△	◎	○	◎
地域意識の発達特性	○地域への愛着感が高い ○地域のよさ・魅力への関心が高い ○地域を主観的に捉えて考える			○地域への所属感が比較的高い ○地域への主体的関与の意識が低い ○地域の現実・課題に関心をもつ ○地域を客観的に捉えて考える		
社会参加・社会参画の特徴	「関心」「愛着感」「共感」に基づく社会参加・社会参画			「思考・判断」「所属感」「主体的関与の態度」に基づく社会参加・社会参画		
学習内容	○地域のよさを発見しアピールしたり、よりよい地域づくりを考える学習 ○地域に対する願い・思いをもとにその実現や保護を考える学習			○地域の特徴を調査し、地域の将来像や実現プランを考える学習 ○地域の課題について多面的・批判的に検討し、地域をよりよくする計画や方策を提案する学習		
学習方法	○調べ学習を基に地域のよさを提案する活動 ○話し合い学習を基にできることを提案する活動			○調査活動や討論・ロールプレイによるシミュレーション等を基にまちづくりを提案する活動		
学習素材	まちや市や県の特徴、地域の施設や特産物、地域の活動、地域の文化財・行事等			まちづくり・まちの再生、地域の開発、公共施設の建設、防災計画等		

※「社会参加・社会参画の段階・場」の欄の◎、○、△は、その学年の特徴の程度を示す。特徴度は、◎→○→△の順。

「Ⅰ-1」と「Ⅱ-2」にあると考える。

　学習内容の面からみると、これらの実践は、「地域のよさを発見しアピールしたり、よりよい地域づくりを考える学習（①、②、⑥）」と「地域に対する願い・思いをもとにその実現や保護を考える学習（③、④、⑤）」の2つのタイプの学習に分けられる。学習方法としては、前者は調べ学習を基に地域のよさのアピールを提案する活動が中心であり、後者は話し合い活動をもとに自分の願いやできることを提案する活動が中心である[12]。

　一方、小学校高学年（5、6年）に関連して行った実践等は、⑦「新安中駅前

表 3.2.5 社会形成参画学習の実践例

		実践名（学年）	形態	実践の概要
中学年	①	わたしたちのまち―安中―（小学校3年）	D	各自安中のまちの好きなところを調べてまとめポスターセッションで発表し，安中のよさについて話し合い，安中の未来想像図を作成した実践。
	②	坂のまち安中をアピールしよう（小学校3年）	C	学校のまわりに坂が多いという地域の特徴を調べて各自がまとめ，それを集めて「坂のまち安中」をアピールする大きなポスターを作成した実践。
	③	商店街にぎやか作戦（小学校3年）	B	地域の商店街の現状を調査し，停滞した商店街ににぎやかさを取り戻すための方策を考え，図画工作科とクロスさせて提案した実践。
	④	中宿灯籠人形を続けるべきか（小学校3年）	D	地域に残る国の重要無形文化財である中宿灯籠人形についてゲストティーチャーを招いて学んだ保存への願いや課題等もとに存続についてディベートで話し合い，自分のできることを考えた実践。
	⑤	新最終処分場建設問題を考える（小学校4年）	B	新しいゴミの最終処分場の建設計画について，その建設計画の是非をロールプレイで話し合った実践。
	⑥	群馬県イメージアップ作戦（小学校4年）	A	各自が抱いていた群馬県のイメージについて現実の姿を調べて交流し合った結果をもとに，群馬県のイメージアップポスターを作成した実践。
高学年	⑦	新安中駅前の開発計画を提案する（小学校4年）＊現学習指導要領6年の内容	F	新しく建設される長野新幹線新安中駅前（実践当時の仮称）の開発について駅前開発会議を開きロールプレイで話し合い，その結果をもとに各自開発計画図を考え，安中市長に提案した実践。
	⑧	秋間児童館をつくるには（小学校6年）	B	地域の願いである児童館を建設するための過程を調べ，模擬児童館設立準備委員会を開いてロールプレイで話し合った実践。
	⑨	大型複合施設建設問題を考える（小学校6年）	B	市の中心商店街の再開発のシンボルとして大型複合施設を建設する計画について，その是非をロールプレイによって話し合い，よりよい施設を考え提案した実践。
	⑩	T競馬場跡地利用問題を考える（小学校6年）	E	廃止されたT競馬場跡地をどう利用するかアイデアを出し，サッカー場建設案を検討した後，各自の案を考え，市にe-mailで提案する実践プラン。
	⑪	A高校跡地利用問題を考える（小学校6年）	E	廃校となったA高校の跡地をどう利用するかをロールプレイによって話し合った後，各自の利用案を考え提案する実践プラン。

の開発計画を提案する」[13]，⑧「秋間児童館をつくるには」，⑨「大型複合施設建設問題を考える」，⑩「T競馬場跡地利用問題を考える」[14]，⑪「A高校跡地利用問題を考える」である。

　これらの実践は，地域への所属感が比較的高い，地域への主体的関与の意識が低い，地域の現実・課題に関心をもつ，地域を客観的にとらえて考えるなどの高学年の地域意識の発達特性をふまえた実践である。社会参加・社会参画に関わっていえば，「思考・判断」「所属感」「主体的関与の態度」に基づく社会参加・社会参画という点に特徴をもつ。

　参加・参画の段階・場からみると，⑦は「Ⅱ-3」（発信・行動，地域・社会），⑧⑨は「Ⅰ-1」（思考，教室），⑩⑪は「Ⅱ-3」の各段階・場にあたり，高学年においてはどの段階・場も可であるが，特徴としては「Ⅰ-1」と「Ⅱ-3」にあると考える。

　学習内容からみると，これらの実践等は，「地域の特徴を調査し検討して，地域の将来像や実現プランを考える学習（⑦⑧）」と，「地域の課題について多面的・批判的に検討し，地域をよりよくする計画や方策を提案する学習（⑨⑩⑪）」の２つのタイプに分けられる。学習方法としては，調査活動や討論・ロールプレイによるシミュレーションなどに基づいたまちづくりの提案活動が有効である。

　最後に，社会参画学習の学習指導要領上の位置づけを検討しておきたい。中学年は先に示した２つの学習タイプから考えると，平成20年版学習指導要領の(1)〜(6)のどの内容でも行うことができる。そして，内容（6）ウの地域資源学習（地域の資源の保護・活用している県内の他地域の学習）のあとに，自分の住む地域のよさを調べ考えてアピールする学習を，中学年の社会参画学習のまとめとして行いたい[15]。

　高学年では，平成20年版学習指導要領の第6学年の内容（2）ア（地方公共団体の政治の働き）が中心となるが，平成20年版学習指導要領において第5学年に新たに加わった「自然災害の防止」や「情報化した社会」の単元のなかで，事例地の学習のあとに，自分の住む地域の自然災害の防止や情報ネットワーク

の活用を調べて考え，提案する活動を取り上げたい。これにより高学年の社会参画学習の充実を図ることができる。

(6) おわりに

小学校における社会参画学習とは，地域・社会に対する実践意識・態度を育てることをねらいとするものであり，自分の居住する地域・社会の課題について主体的に考え，地域・社会へ参画する学習のことであると考える。その上に立って，児童の地域意識の発達傾向をふまえつつ，社会参画学習のカリキュラムの基本的な考え方を明らかにした。

平成20年版学習指導要領における社会参画学習の内容には課題がないわけではないが，このカリキュラムの基本的な考え方に基づいて学習の充実を図りたいと考える。自分の居住する地域・社会の課題について主体的に考え，地域・社会へ参画する社会参画学習を全国で展開してほしいと願っている。中学校における社会参画学習との関連の検討が今後の課題となるが，それは別稿にて述べることとする。

［追記］

本節で述べた内容は基本的に平成29年版学習指導要領においても通じるものである。特に，第3学年「市の様子の移り変わり」，第4学年「自然災害から人々を守る活動」の学習は社会参画的視点を取り入れた学習を展開したい。

【注および参考文献】
(1) 具体的内容については，①については，「健康な生活や良好な生活環境を守る諸活動における地域の人々の協力」「安全を守るための諸活動における関係機関と地域の人々との協力」「県内の特色ある地域に関する内容」「情報ネットワークの公共利用に関する内容」の4つを，②については，「健康な生活や良好な生活環境を守る諸活動」「安全を守るための諸活動」「地域の人々の生活の変化」「国土の環境と国民生活との関連」「情報産業と国民生活との関連」「国際理解」の6項目を上げている。安野功「社会形成・参画力の基礎を培う指導」『社会科教育』No.598，明治図書，pp.116-119，2009.2
(2) 山口幸男『社会科地理教育論』古今書院，p.8，2002.8
(3) 唐木清志『子どもの社会参加と社会科教育』東洋館出版，pp.33-34，2008.11

(4) 井田仁康『社会科教育と地域』NSK 出版，pp.17-21，2005.11
(5) 片上宗二「改訂の10のキーワード3　社会形成力・参画力の基礎」北俊夫・片上宗二編著『小学校新学習指導要領の展開社会科編』明治図書，pp.29-30，2008.11
　　ほかに社会参加に消極的な主張として，例えば以下のものがある。岩田一彦「新指導要領・内容の改変点と移行措置ガイド」『社会科教育』No.595，明治図書，pp.40-43，2008.11
　　澤井陽介「新しい社会科」『総合教育技術』小学館，pp.32-35，2009.9
(6) 前掲書，唐木清志，pp.38-40
(7) 長谷川康男「社会科の意義と可能性―小学校社会科ですべきこと・できること―」『社会科教育研究』pp.23-34，2008.8
(8) 小西正雄「『地域』に対する見方　リフレッシュの課題」『社会科教育』No.595，明治図書，pp.14-16，1997.4
(9) 1995 年 6 ～ 7 月に群馬県前橋市と松井田町（現安中市）の小学校 4 年生から中学校 3 年生までの児童・生徒 776 名に調査を実施した。地域認識については群馬県の社会的事象 20 項目について 4 段階尺度で認識度を調査した。地域イメージについては，認知面，情意面のそれぞれ 20 項目および地域イメージの評価について 5 段階尺度で調査した。地域に対する態度は興味関心，愛着感，所属感，主体的関与の 4 側面 12 項目について 4 段階尺度で調査した。調査項目については，佐藤浩樹「群馬県における児童生徒の地域意識の構造と発達傾向」『群馬大学社会科教育論集』第 8 号，pp.1-9，1999.3 に詳しい。第 1 表は，佐藤浩樹『地域の未来を考える社会科学習』学芸図書，p.26，2006.5 の表Ⅱ-4「子どもの地域意識の発達傾向」に加筆したものである。
(10) 佐藤浩樹「群馬県における児童・生徒の地域意識の構造と発達傾向に関する研究」上越教育大学大学院修士論文，p.63，1996.3 より引用した。
(11) 佐藤浩樹『地域の未来を考え提案する社会科学習』学芸図書，2006.5
(12) 本節では，提案という用語を，思考による参加・参画から発信・行動による参加・参画までを含む広い概念として用いている。
(13) 小学校 4 年生での実践であるが，平成 20 年版学習指導要領では 6 年の学習内容に該当するので高学年の実践に含めた。
(14) 佐藤浩樹「PISA 型読解力を育てる基礎基本問題連続型テキストの開発と指導のポイント」『社会科教育』No.581，明治図書，pp.10-13，2007.10
(15) 佐藤浩樹「社会形成参画学習の課題と展望―小・中学校社会科地理的学習を中心に―」『地理教育研究』No.4，pp.3-4，2009.7 で詳しく述べている。

第 3 節　小学校社会科地理的学習における社会参画学習のあり方

(1) はじめに

平成 20 年版学習指導要領において社会参画が新たな視点として取り上げられて以降，社会科教育における重要なキーワードとして注目を集め，「社会形

成力」「ESD」「意志決定」「価値判断」「社会参加」「提案」「論争問題」「郷土愛」などのさまざまな観点から社会参画と関連させた実践・研究が進められている。それらを概観すると，公民教育からのアプローチが中心で，地理教育からのアプローチは弱い傾向にあったが（泉 2006），平成 20 年版中学校学習指導要領地理的分野の内容（2）エで社会参画が取り上げられたことや ESD 関連の実践・研究が盛んになっていることなどから，地理教育においても実践・研究が行われるようになってきている。

　地理教育においては，態度形成を含めた地理学習に積極的ではない考えもあるが，地理的態度の形成を目標とする社会科地理教育において，社会参画はきわめて重要な視点であり，地理教育からのアプローチを一層進めていく必要があると考える。本節では，地理教育における社会参画学習のあり方について検討し，それに基づいて小学校社会科地理的学習における社会参画学習の実践プランを提案したい。

(2) 社会参画学習のねらい・あり方
①社会の形成に参画する資質・能力の基礎と地域
　社会参画は，教育基本法，学校教育法，学習指導要領および解説では以下のように述べられている。

○公共の精神に基づき，主体的に社会の形成に参画し，その発展に寄与する態度を養う（教育基本法第 2 条，学校教育法第 21 条 - 1）
○公共的な事柄に自ら参画していく資質や能力を育成することを重視する（小学校学習指導要領解説社会編（ⅰ）改善の基本方針）
○よりよい社会の形成に参画する資質・能力の基礎を培う（小学校学習指導要領解説社会編（ⅱ）改善の具体的事項）
○地域社会の形成に参画しその発展に努力しようとする態度を養う（中学校学習指導要領社会地理的分野内容（2）（エ））

　これによれば，社会参画学習の最終目標は社会の形成に参画し，その発展に寄与する態度を養うことであり，小学校段階ではその基礎を培うことになる。
　社会参画学習で身につけたい力は社会形成力である。社会形成力はさまざま

に定義されているが，唐木（2010）は，社会形成力を科学的社会認識（理解），意思決定力（能力），社会的実践力（態度）を総合した資質・能力ととらえ，科学的社会認識→意思決定力→社会的実践力という関係を示した[1]。小学校段階で培う社会の形成に参画する資質・能力の基礎については，科学的社会認識を基礎とする考え[2]，理解，能力，態度の3観点を並列にとらえて基礎とする考え[3]，社会的実践力を重視しない考え[4]などがみられるが，小学校段階においても唐木の示した科学的社会認識，意思決定力，社会的実践力という3つの資質・能力を培う必要があると考える。そのなかで最も重視されるのは最終目標である社会的実践力である。すなわち，社会に参画する資質や能力の基礎の中核は，社会の形成に参画しようとする態度（社会的実践力）であるといえる。

　社会的実践力を育成するうえで重要なことは社会と実際に関わることであり，これによって社会に関わろうとする態度が培われていく。社会と実際に関わること自体に価値があるのである。この点が社会認識や価値判断・意思決定を重視した授業との違いである。

　社会と実際に関わるうえで最も有意義で効果的な場は身近な地域（以下，地域とする）である。したがって，社会的実践力を育成するためには，実際に地域と直接関わる学習がきわめて重要であるといえる。

②社会参画学習のあり方

　社会参画には，思考による参画と発信・行動による参画という段階がある（第3節参照）。このうち，発信・行動による参画が最も重要で，直接的社会参加学習といえるものである。実際には発信・行動にまで行かない場合もあるが，少なくとも構想としては視野に入れるべきである。発信・行動にまで行かない場合や思考・判断・意志決定を重視する学習は間接的社会参画学習とすることにしたい。

　また，平成20年版学習指導要領で小学校中学年に新設された地域資源学習など，自分が居住しない地域についての学習も社会参画学習に含める考えもある。このような学習は，広義の社会参画学習には含めるが，社会参画の視点を

取り入れた学習とし，社会参画学習とは区別すべきである。

すなわち，広義の社会参画学習は，社会・地域に直接関わる直接的社会参画学習，思考による参画を重視する間接的社会参画学習，他地域の学習において社会参画の視点を取り入れた学習の3つに分類でき，直接的社会参画学習が真の社会参画学習として最も重要であると考える。

(3) 地理教育における社会参画学習
①地理教育における社会参画学習で育成すべき態度

社会に参画する資質や能力の基礎の中核は社会的実践力・態度であるとしたが，では，地理教育における社会参画学習で育成すべき態度とは何であろうか。これには，山口（2002）が示した「地域」概念に関わる地理的態度・価値が手がかりとなる[5]。山口は，「地域」概念に関わる地理的態度・価値として「地域的個性創造の精神」と「地域尊重の精神」の2つをあげている。地域的個性創造の精神とは，地域の人々自らが地域の実態を探究し，個性を発見し，個性を創造・発展させていこうとする精神・態度のことで，主として自分の居住する地域についての学習で身につけたい地理的態度である。これはまさに地理教育における社会参画学習で培うべき社会的実践力の中核であるといえる。

地域尊重の精神とは，自らの地域の個性を大事にし，他の地域を尊重していく態度のことで，主として自分が居住しない地域についての学習や日本や世界の諸地域学習で身につけたい態度である。これらの学習では，地域・社会に直接関わることはできないが，社会参画的な視点を盛り込むことは可能である。その場合は学習対象地域の特色を学ぶことによって自分の居住する地域の特色や価値を再認識し，自他の地域の個性を尊重する態度を培うことが最終的なねらいである。

西脇（2008）は[6]，社会参加能力の育成をめざした地理学習は，社会問題を核にして学習内容が編成されることになるとし，社会参加能力として，方法知では情報処理能力，内容知は系統地理では地理的見方・考え方，地誌ではアイデンティティ，地域学習では価値判断力・意思決定力を挙げている。しかし，

能力の観点から社会参加・参画を論じているため，態度については不明確である。

 ②地理教育における社会参画学習のあり方
　山口の示した地理的態度・価値をもとにすると，地理教育における社会参画学習として，2つの学習を構想することができる。1つは，主として地域的個性創造の精神を培うもので，自分の居住する地域の特色を探究し，個性について考え，提案する学習（Ⅰ）である。この学習は，個性のとらえ方でさらに2つの型に分けられる。地域の個性をよさととらえ，それを発信したり，よりよい地域づくりを考えたりする学習（A）と，地域の個性のなかに課題を見いだし，その解決の方策などを考え提案する学習（B）である。

　もう1つは，主として地域尊重の精神を培うもので，県内の他市町村，日本や世界の諸地域などの特色を探究し，個性について考え，提案する学習（Ⅱ）である。この学習では，学習対象地域の特色を学習したあとに，地域のよさや地域のもつ価値，地域のあり方について考える活動を取り入れることが大切である。この学習も，前者と同様にA，Bの2つの型に分けられる。以上をまとめると，地理教育における社会参画学習は，Ⅰ-A，Ⅰ-B，Ⅱ-A，Ⅱ-Bの4つの型に類型化することができる。

　Ⅰ-A，Ⅰ-Bの学習が地理教育における社会参画学習の中心である。発信・行動による参画を取り入れれば直接的社会参画学習であり，思考による参画にとどまる場合には間接的社会参画学習となる。Ⅱ-A，Ⅱ-Bの学習は社会参画の視点を取り入れた学習である[7]。

　学習指導要領の地理教育のカリキュラムと児童・生徒の地域意識の発達傾向から考えると，小学校中学年ではⅠ-Aの学習の学習を中心に一部Ⅰ-Bを，高学年ではⅡ-AとⅡ-Bの学習を中心に一部Ⅰ-Bの学習を行うことが適切であろう[8]。

(4) 小学校社会科地理的学習における社会参画学習

①中学年地理的学習における社会参画学習

中学年の地理的学習では，学校のまわりや市町村全体の様子の学習，地域の商店，農家や工場の学習，都道府県の特色の学習を社会参画学習として編成することができる。これらの単元の学習ではⅠ-Aの学習，すなわち地域の特色を探究し，地域のよさを発見しアピールしたり，よりよい地域づくりを考えたりする学習を行うのがよいと思われる。

また，地域資源学習で他市町村の地域づくりの取り組みを学習したあと，地域学習のまとめとして自分の住む市町村のよさを考え，アピールする学習（小単元「地域の宝物を紹介するレポートをつくろう」（Ⅰ-Aの学習））を行いたい[9]。

表3.3.1 中学年地理的学習における社会参画学習授業プラン

単元名	学習課題	考えられる社会参画活動
1 学校のまわりの様子	学校のまわりの特色を紹介するコースを考えよう[10]	＊学級で検討した結果最もよかった班のコースを実際に学級で回る。 ＊自分の考えたコースを家族等と徒歩で回ってみる。 ＊考えたコースや地域の道，場所に名前を付け，マップにして配布する。
2 市全体の様子	市の特色がよくわかる見学コースを考えよう	＊学級で検討した結果最もよかった班のコースを実際にスクールバスで回る。 ＊自分の考えたコースを家族と自動車で回ってみる。 ＊学校のHPで考えたコースを提案する。
3 ○○をつくる農家／○○をつくる工場	地域の特産品を売り出す提案を考えよう	＊宣伝コマーシャルを考えて，パンフレットを作成して配布する。 ＊学校公開日に保護者や地域の人にアピール・販売をする。 ＊スーパーマーケットによさをアピールし，コーナー設置を働きかける。
4 わたしたちの○○県	○○県のイメージアップ作戦を考えて提案しよう	＊イメージアップポスターを作って施設に掲示してもらう。 ＊イメージアッププラン・アイデアを県にメールで提案する。
5 地域の宝物（地域学習のまとめ単元）	地域の宝物を紹介するレポートをつくろう	＊市役所，観光協会棟に掲示してもらう。市の広報誌に載せてもらう。 ＊パンフレットを作成して配布する。 ＊学校のHPに載せる。

この学習によって，児童は自分の住む地域について考え，地域のよさを再発見するとともに，地域へ主体的に参画する意識・態度や能力の基礎を育成できると考える。この新設小単元を含めて，中学年地理的学習における社会参画学習として，表3.3.1のような授業プランを構想することができる。
　これらの授業プランのなかから，以下の2つのプランについて，より詳しい授業構想を示すことにする。
■市の特色がよくわかる見学コースを考えよう（授業プラン2）（Ⅰ-Aの学習）
　市全体の様子の学習のまとめに，「市の特色が一番よくわかる場所はどこだろうか」と発問する。児童は，今まで学習した内容をもとに，副読本や市の地図を見直し，市の特色を考えることになる。駅，住宅団地，公園，商店街，田畑，工業団地，学校，山，文化施設など，学習や経験を通して自分がとらえた地域の特色を代表する場所が出されるだろう。そう考えた理由も発表させ，学習を振り返って市の特色を多面的にまとめる。
　そこで，「市の特色がよくわかる見学コースを考えよう」という課題を提示する。自分が発表した場所をメインとし，他の児童の意見も取り入れ，副読本や地図を活用して見学コースを考えさせる。コースは市の白地図にかかせ，見学ポイントの特色を簡単に書き込ませるようにする。本プランでは，市の全体的な特色がわかるように，いろんな観点から場所を選んでコースを考えさせたが，自分がとらえた特色をテーマとして場所を選びコースをつくることも考えられる。その場合には，特色がわかるコースの名前をつけたり，キャッチフレーズを考えたりする活動を取り入れたい。
　さらに，この学習を3年生の夏休みの課題に発展させ，自分が考えたコースを家族と一緒に回って見学するようにする。写真を撮ったり，インタビューをしたりして，作品にまとめさせる。市の特色を主体的に考え，市への関心や愛着を高めることができる学習となるであろう。
■地域の宝物を紹介するレポートをつくろう（授業プラン5）（Ⅰ-Aの学習）
　授業は「市の宝物は何だろうか。」という発問から入る。児童は，今まで使ってきた副読本を見返し，ほかの資料も活用して調べ，市が誇れる宝物を考

えることになる。ここでのポイントは，多くの人から認められているものだけに限定せず，小さなものやローカルものも宝物として認め，児童一人ひとりの関わり・視点を大切にすることである。

　児童から宝物候補が出されたら，「地域の宝物を紹介するレポートをつくろう」という課題を提示し，市役所，観光協会といった諸施設やインターネットなどで資料収集を行うとともに，保護・活用に取り組んでいる人に電話，ファクス，電子メールなどで質問をするなどして調査する。同じものを宝物候補とした児童がいた場合はグループで調査させる。家庭に協力を頼み，現地に出向いて写真を撮影したり，インタビューをしたりすることも考えられる。

　学習のまとめは，調べたことをもとに宝物のよさを考え，そのよさが伝わるように紹介レポートにまとめる。この活動は，言語活動の充実という観点からも有意義である。可能であれば，紹介レポートを市役所や観光協会等に掲示してもらうなど学校外へ発信するようにしたい。

②高学年地理的学習における社会参画学習

　高学年の地理的学習においては，新学習指導要領で第５学年に設定された自然災害の防止の学習を社会参画学習とすることができる。自然災害防止の取り組みについて事例地域で学習したあと，自分の居住する地域で起こる可能性のある自然災害を調べ，その対応策や自分たちでできることを考える学習を行うのである（Ⅰ-Bの学習）。

　ほかの地理的学習の内容では地域・社会と実際に関わること重視する社会参画学習を行うことは難しく，社会参画の視点を取り入れた学習を行うことが妥当である。

　産業学習においては，農業学習ではこれからの日本の米づくりを考える学習（Ⅱ-Bの学習），工業学習では未来の自動車を考える学習のような将来像を描く学習（Ⅱ-Bの学習）が考えられる。国土学習においては，日本のすばらしさを紹介するレポートをつくる学習のような日本のよさを考える学習（Ⅱ-Aの学習），世界地誌的学習では日本と関係の深い国の生活や文化のよさや自分たちが学ぶべきことを考える学習（Ⅱ-Aの学習）を行うのがよいと思われる。

表 3.3.2 地理教育における社会参画学習の類型

目標とする態度・価値と学習対象地域 \ 地域の個性のとらえ方と学習内容・方法	A　地域のよさ （地域の価値・意味） （アピール・発信）	B　地域の課題 （地域のあり方・将来像） （解決策・提案）
Ⅰ　地域的個性創造の精神 （自分が住む市町村・都道府県）	＜A-1＞ ・市の特色がよく分かる見学コースを考える学習 ・市の宝物を紹介するレポートを作成する学習	＜B-1＞ ・自分の住む地域で起こりうる自然災害を調べ、対策や自分たちでできることを考える学習
Ⅱ　地域尊重の精神 （他の市町村・都道府県 日本の諸地域・世界の諸地域）	＜A-2＞ ・日本の自然環境の特色を紹介する学習 ・外国文化のよさや学ぶべきことを考える学習	＜B-2＞ ・庄内平野の米作りの将来像を考える学習 ・日本の自動車工業のあり方を考える学習

　以上述べた地理教育における社会参画学習の類型をまとめたものが表 3.3.2 である。

(5) おわりに

　本節では、社会参画学習で培うべき資質・能力の基礎として社会的実践力・態度が重要であることを指摘し、それを培うためには地域・社会に実際に関わることを重視した発信・行動による参画を志向した学習が大切であるとした。そして、地理教育における社会参画学習で培うべき態度として、山口の示した地域的個性創造の精神と地域尊重の精神を取り上げて考察し、地理教育における社会参画学習のあり方を示した上で、小学校社会科地理的学習における社会参画学習の授業プランを提示した。

　本研究の内容は甚だ粗く不十分ではあるが、地理教育からの社会参画学習研究の必要性を提起し、地理教育における社会参画学習のあり方を示したという意味で意義あるものであると考えている。本研究がきっかけとなり、地理的学習における社会参画学習の研究・実践が活性化することを期待したい。

【注】
(1) 唐木清志・西村公孝・藤原孝章『社会参画と社会科授業の創造』学文社，pp.22-25，2010.10
(2) 日本社会科教育学会第61回全国研究大会（2011.10）課題研究Ⅱ「「社会参画」に基づく社会科授業のあり方」における議論で小学校における社会参画学習において正しい社会認識を重視する傾向があることがコーディネーターの唐木氏より報告された。
(3) 澤井（2011）は，よりよい社会の形成に参画する資質や能力の基礎として，①互いの考えを伝え合うことで養われる社会的な見方・考え方，②学んだことを生かして考え，表現する力，③よりよい社会に関わろうとする態度の3つをあげている（第65回全国社会科教育研究協議会のパネルディスカッションでの発言による）。
(4) 片上（2008）も，実生活や実社会への参加・参画学習を性急に求めないことが肝要であるとして，社会参加・社会参画には消極的な考えを示している。片上宗二「改訂の10の キーワード3　社会形成力・参画力の基礎」北俊夫・片上宗二編著『小学校新学習指導要領の展開社会科編』明治図書，pp.29-30，2008.11
(5) 山口幸男『社会科地理教育論』古今書院，pp.29-30，2002.8
(6) 西脇保幸「社会参加能力と一貫カリキュラム」山口幸男他編『地理教育カリキュラムの創造―小・中・高一貫カリキュラム―』古今書院，pp.117-118，2008.2
(7) 他地域の学習においても直接地域・社会に関わる活動を取り入れることはできる。この場合は直接的社会参画学習であるが，自分の居住する地域についての学習とは区別すべきであろう。
(8) 中学校ではⅠ-B，Ⅱ-Aを中心に一部Ⅱ-Bの学習を，高等学校ではⅡ-A，Ⅱ-Bの学習を行うことが適切であろう。
(9) この学習を，地域の課題について考え，その解決の方策を提案する学習（Ⅰ-Bの学習）とすることも考えられる。しかし，地域を肯定的に見る発達段階である中学年の学習では，地域のよさを再発見し紹介する学習のほうがよいと思われる。
(10) この授業プランは名古屋市立八事東小学校・小出康貴の実践を参考にしたものである。小出康貴「地域に誇りと愛情をはぐくむ子どもが育つ社会科学習」名古屋市教育研究員中間まとめ，2010.7

【参考文献】
泉貴久「社会参加学習」『地理教育用語技能辞典』古今書院，p.131，2006.11
井田仁康『社会科教育と地域』NSK出版，pp.17-21，2005.11
岩田一彦「新指導要領・内容の改変点と移行措置ガイド」『社会科教育』No.595，明治図書，pp.40-43，2008.11
唐木清志『子どもの社会参加と社会科教育』東洋館出版，pp.33-34，2008.11
佐藤浩樹『地域の未来を考え提案する社会科学習』学芸図書，2006.5
佐藤浩樹「群馬県における児童生徒の地域意識の構造と発達傾向」『群馬大学社会科教育論集』第8号，pp.1-9，1999.3
佐藤浩樹「群馬県における児童・生徒の地域意識の構造と発達傾向に関する研究」上越教育大学大学院修士論文，p.63，1996.3

佐藤浩樹「副読本を使いこなす面白クイズ」『社会科教育』No. 635，明治図書，2012.2
藤原孝章「社会科における認識の総合性と社会参加」『社会科教育研究』No. 113，pp.29-40，2011.9
安野功「社会形成・参画力の基礎を培う指導」『社会科教育』No. 598，明治図書，pp.116-119，2009.2

第4節　社会参画学習の教材開発
(1) 社会科における読解力育成の課題

　PISA型学力の読解力では，テキストから必要な情報を読み取り，目的に応じて熟考・評価し，それをもとに自分の考えを表現する力の育成が求められている。

　社会科では，今までもさまざまな資料（テキスト）を読み取って問題を解決する資料活用能力を重視した授業が展開され，資料読解についてはある程度成果を上げている。課題は「テキストを理解し，利用し，熟考する能力」よりも，読解したことをもとに自分の考えを効果的に表現する力の育成にある。PISAの学力テストや文科省の全国統一テストで記述問題の正答率が低く，無答率が高いのも，情報を取り出し，解釈し，熟考・評価はできても，それを自分の考えとして表現できないことが課題であると考える。

　また，社会科では，読解力を社会的実践力につなげることが大切である。テストで測定できる読解力が問題となっているが，社会科では読解力が態度形成と結びついてこそ価値がある。PISA型読解力は，効果的に社会に参加するための力として必要なのであり，社会科ではこのことを特に意識したい。そのために必要なのは，読解したことを，再構成し，自分の考えとして表すことのできる表現力である。

　つまり，社会科では，情報の取り出し→テキストの解釈→熟考・評価というプロセスで読解したことをもとに自分の考えを効果的に表現する力を育てることが求められている。読解力については，テスト問題が話題になることが多いが，読解力を育てる授業こそが大切であり，本節では，PISA型読解力とそれ

をもとにした表現力を育て，それを社会的実践力と結びつける社会参画の視点を取り入れた社会科授業の教材開発例と指導のポイントについて述べたい。

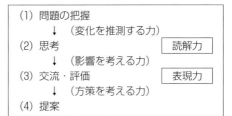

図 3.4.1　小学校における社会参画学習の全体像

(2) 地域の未来を考え提案する社会科学習

PISA 型読解力・表現力を育てる学習の例として「地域の未来を考え提案する社会科学習」を紹介する（佐藤 2006）。

地域の未来を考え提案する社会科学習とは，「地域の現実に目を向け，よりよい地域にするために，これからの地域について自分たちで考え提案することを通して，地域に対する主体的な実践力を身につけていく学習」である。学習の流れと身につける力は，図 3.4.1 の小学校における社会参画学習の全体像のとおりにまとめられる。

地域の社会問題を取り上げ，学習過程の最後に自分たちの考えを提案する活動を組むことで，社会参画という目的意識をもって資料を読み取り，思考し，表現することができる。思考や交流の段階でロールプレイを取り入れると効果的であり，共感的理解や多面的思考により，より高まった提案に結びつけることができる。地域の問題であれば見学・調査・聞き取りが可能で，実際に市長や担当する課へ提案することもできるので，学習への意欲・関心が高まると同時に，生きて働く読解力・表現力を育成することができる。

(3) T 競馬場跡地利用問題を教材化する

地域の未来を考え提案する社会科学習の例として「T 競馬場跡地利用問題」を取り上げる。地域の社会問題はそのままでは取り上げにくい場合もあるのでシミュレーション教材化することも考えられる。

■シナリオ 「T競馬場跡地利用問題」

　人口約34万人のT市では，赤字によって廃止されたT競馬場の跡地利用が問題となっている。T競馬場跡地は県の交通拠点であるT駅から東へ徒歩10分の場所に立地し，約10ヘクタールの広さがある。T市は駅西口に商業施設が集まり，東口にあるT競馬場跡地周辺は住宅地が広がっている。T市はT競馬場跡地利用検討会議を設置し，跡地利用について話し合いを行った。その結果，
　・T市らしさのあるT市のシンボルとなるような利用。
　・市にとって本当に必要なものを考えた利用。
　という基本方針が示され，利用のアイデアも多く出された。しかし，最終的な結論はまだ出ておらず，現在も市民から跡地利用について意見を広く集めている。（地図は省略）

■授業構想

① T競馬場跡地利用のアイデアを出そう！

　T競馬場跡地利用問題のシナリオを示し，まずは自由にアイデアを出させたい。遊園地，アミューズメントパーク，公園，ショッピングセンター，音楽ホール，サッカー場，福祉施設，マンション，学校などたくさんの意見が出ることが予想される。出されたところで，シナリオに示された条件を満たしているかを検討する。また，出されたアイデアが実現した場合のよさと問題点についても簡単に意見を交わしたい。ここ問題把握の段階なのでは結論は出さず，検討したら次の段階へ移る。

② サッカー場建設案に賛成か反対か！

　子どもたちの意見のなかからサッカー場建設の意見を取り上げ，次のような課題を提示する。

　　「T競馬場跡地に2万人収容のサッカー場を建設する案があります。この
　　案に賛成ですか反対ですか。考えの根拠も示してください。」

　サッカー場建設案は，子どもからでなければ教師が提示してもいいし，別の案でもかまわない。サッカー場は話し合いのための素材である。子どもたちの考えは分かれると思うが，この情報だけでは決められないという声が出るに違いない。そこで，「自分の考えを決めるためにもっと知りたいことは何か」と聞く。子どもたちからは，「計画をもっと詳しく知りたい」「T市らしさはどんなことか」「市民の意見はどうか知りたい」「費用はどれくらいかかるか」「人

は集まるか。赤字にならないか」「駐車場は足りるか」「近所の人に迷惑にならないか」「別のアイデアは出されてないか」などの意見が出されるのではないか。それらの資料はwebページで調べさせ，教師側からも資料提供する。

　自分の意見を根拠づけるためにどんな資料が必要か考え，その資料を活用して自分の考えをまとめていく活動がこの学習のポイントの１つである。ここで目的意識をもってテキストを読解する力が育つものと考える。

　③サッカー場建設案の賛否を話し合おう！

　各自の考えがまとまったところで，サッカー場建設案の賛否について話し合いを行う。賛否の人数が偏るようであればディベートの形式をとってもよい。ここで大切なのは賛成・反対と考えた根拠である。話し合いの中で，出された意見の根拠から跡地利用で考えるべき視点を一人ひとり学んでいきたい。自分に欠けていた視点があったら最終的な提案に取り入れるようにさせる。最後に，話し合いを通して跡地利用についてどんなことを大切にしたいと思うか書かせる。ここで価値判断させることが読解・交流をもとにした自分らしい提案につながる。

　④Ｔ競馬場跡地利用について自分の考えをＴ市に提案しよう！

　最後の段階では市に対する提案書を作成する。ここが学習の最大のポイントである。集めた資料や話し合いをもとに各自が利用計画を考え，根拠を示して説得力のある提案を行う。できれば，市のwebページに意見を投稿させたい。そのような具体的な社会参加の目標があれば，子どもの意欲をさらに高められる。

（4）「現代の開発」を取り上げた教材開発を

　小学校3，4年生の社会科地域学習の内容は，1998（平成10）年の学習指導要領改訂で社会科の時数が削減されたこともあり，多くの内容が削除された。その１つが「現代の開発」である。この内容は平成元年版学習指導要領では4年に設定されていたが，平成10年版学習指導要領改訂で6年の政治学習に統合された。2008（平成20）年の学習指導要領改訂では社会保障が例示に加わり

注目されているため，地域の開発を取り上げることは少なくなっている。「現代の開発」は地域の社会問題を考えることができる内容だっただけに非常に残念である。

　平成20年版社会科学習指導要領3，4年内容（5）ウの学習は，地域の発展に尽くした先人の具体的事例として地域の用水路開削を取り上げることが多い。しかし，事例が江戸時代に遡るものが多く，見学や体験等の工夫を行ったとしても，児童から遠い事象であり，実感的に理解し，ねらいに到達させることが難しい単元である。そのため，歴史的学習の導入は内容（5）ア，イで行い，地域の開発は現代の開発を取り上げたほうがよいと考えている。

　筆者は，4年生を対象に新幹線の駅開設に伴う駅前開発，6年生を対象に児童館建設，商店街再開発に関する教材を開発し，実践したことがあるが，地域の現代的課題について調べ考える学習は，きわめて重要だと考えている。現代の開発の学習は，平成20年版学習指導要領で強調された社会参画学習の中核的内容となることが期待できる。

　本教材「T競馬場跡地利用問題」は，小学校第6学年の小単元「地方公共団体の政治の働き」における身近な公共施設の建設，地域の開発の内容を想定して作成したものであるが，他学年でも実践可能である。一年に一度くらいは，地域の社会問題を教材化し，「問題を把握し，考え，交流し合い，それをもとに自分の考えを提案する」社会参画学習を行いたい。それが社会科における生きて働く読解力・表現力を育成する基礎になる。

第5節　地域学習の単元構成の改善と工夫―大単元と小単元の関係を明確にした単元構成―

(1) 大単元の本質をとらえる

　社会科地域学習は，大単元と小単元の関係を明確にした単元構成をすることが重要である。大単元と小単元との関係について，第3学年の第1単元（内容(1)「身近な地域の学習」）を例に述べたい。

身近な地域の学習は，社会科学習の導入単元であり，地域学習の基盤である。この学習をもとに，地域の産業，歴史，地域社会の学習が展開される。

　身近な地域の学習で最も大事なのは，子どもたちが地域を実感的に理解し，地域が好きになり，地域の一員として地域を大切にしようとする態度を育てていくことである。したがって，身近な地域の学習は，地域の特色を調べ，考え，理解することだけにとどまらず，地域に対する態度を育てることを目標の中心とすべきである。そのためには，学習の中に，人との交流，地域のよさについての話し合いや提案などの社会参画的視点を取り入れる必要がある（第1節参照）。

　身近な地域の学習は「学校のまわりのようす」と「市全体のようす」の小単元で構成されるが，2つの単元構成に関連をもたせ，両単元の学習を通して大単元の目標を達成させるようにする。大単元と小単元の関係を考えるためには，まず大単元の本質をつかむことが大切である。

(2) 小単元の位置づけを明確にする

　大単元を構成する2つの小単元は並列的に扱うのではなく，第1小単元の学習を第2小単元の学習へ発展・応用させるようにする。

　第1小単元では，まず，学校のまわりの様子を調べ，地図にまとめて地域の特色を理解する。その後，社会参画的視点を取り入れ，課題意識をもって2度目のフィールドワークを行い，地域の人と交流して理解を深め，地域のよさを話し合う。最後に，地域のよさが伝わる紹介コースを考え，保護者や地域の人を招いて提案する活動を行う。

　第2小単元では，第1小単元で学んだ視点や方法を生かして，より主体的に学習を進めるようにする。市全体の様子を各種資料で調べて特色を理解したあと，各自が課題をもってスクールバスなどを活用したフィールドワークを行う。ここでは人との交流を発展させ，聞き取り調査などを行う。調べたことは地図にまとめるが，各地区の特色をよさととらえ，それが集まって市の特色をつくっているという視点をもってまとめさせる。最後は，市の特色が伝わる紹介

コースを地図付きで作成する。コースに名前を付けたり，キャッチフレーズを考えたりすることも取り入れたい。提案も，教室を出て，市の駅や観光センターなどに作品を掲示してもらうようにしたい（筆者のかつての勤務校の実践では，長野新幹線安中榛名駅に児童の作成した安中市の紹介マップを掲示していただいた）。作成した紹介コースを家族で回ることを夏休みの宿題に出し，その様子を作品にまとめさせるのもいいだろう。

(3) 大単元のまとめを大切にする

２つの小単元の学習が終了したあとには，両単元を振り返り，学習したことの意味を考える時間を設定したい。

自分が住んでいる市町村はどんな地区から構成され，全体としてどんな特色があるのか，そして，自分の通う学区域が市町村のなかでどんな位置を占め，どんな価値・意味をもっているのかを考え，意見を交流しあい，最後は文章にまとめるようにする。そのなかで地域の一員として地域を大切にする態度を育み，この地域で育ったことを基盤としてこれからの社会を生きていく構えをもてるようにしたい。

大単元のまとめとして，２つの小単元の学習を関連づけて振り返ることで，単元の目標を達成し，単元の本質に迫ることができる。このことは，地域学習の重要な目標であるアイデンティティの確立につながっていく。

第4章

自都道府県学習の新構想

第1節　自都道府県学習の意義とあり方

(1) はじめに

　平成29年版小学校社会科学習指導要領（以下，新学習指導要領）では，平成10年版学習指導要領以降第3・4学年でまとめて示されていた目標・内容が第3学年と第4学年で分かれて示されるようになり，第4学年の学習が自都道府県学習として位置づけられた。県全体の地理的特色と県内の特色ある地域の様子という地理的内容に加え，人々の生活や環境を支える事業や自然災害の防止という公民的内容や文化財や年中行事などの歴史的内容も自都道府県学習という性格が強まった。第4学年の学習が県について総合的に学習する内容となり，自都道府県学習の充実が図られたことは新学習指導要領の大きな特色である。

　小学校社会科においては，身近な地域，市区町村，都道府県の学習は地域学習と呼ばれ，その意義については多くの議論がある（朝倉1985，佐島1984，谷川1991，山口2010）。身近な地域や市区町村の学習の意義は多く指摘・強調されるのに対し，地域学習の一部を構成する自分が住む都道府県の学習の意義についてはほとんど議論されてこなかった。自都道府県学習についての論考をみても，大切なポイントや単元構成の仕方などが中心であり，なぜ自分が住む都道府県について学習する必要があるのかという意義やそのあり方について研究はきわめて少ない。自都道府県について学習することにはどんな意義があり，どのようなカリキュラム構成が必要なのであろうか。

　そこで，本節では，学習指導要領における自都道府県学習の変遷を概観したうえで，自都道府県学習の意義について改めて考察するとともに，新学習指導要領の自都道府県学習について考察して課題を指摘し，小学校社会科の自都道府県学習のあり方について提案したい。

(2) 学習指導要領にみる自都道府県学習の変遷

　自都道府県に関する学習内容は，初期社会科のなかにも若干みられるが，本格的に取り上げられるのは，問題解決学習から系統学習へ転換したとされる昭和30年版学習指導要領からである。昭和30年版学習指導要領では，第4学年の主題が「郷土の生活」とされ，付近の町村やもっと広い地域の生活とのつながり，郷土の仕事や生活と諸条件との関連，郷土の公共施設や協働活動，郷土の交通などの内容が取り上げられている。昭和33年版学習指導要領でも，自分たちの村と県内各地とのつながり，政治の中心としての県庁所在地，自分たちの村と県庁所在地とのつながり，多くの村や県との協力など，自都道府県に関わる内容を取り上げている。

　しかし，ここまでの学習は，自都道府県に関する内容を取り上げてはいたが，郷土学習として行われていた。昭和33年版学習指導要領に「郷土という語の地域的範囲は，行政区域としての都道府県と一致する場合と一致しない場合とがある」という記述からもわかるように，はっきりと自都道府県についての学習とはなっていなかった。行政区域としての自都道府県学習が明確に示されるのは昭和43年学習指導要領からである。昭和43年学習指導要領以降の自都道府県学習の内容をまとめたものが表4.1.1である。

　昭和43年学習指導要領では，内容（1）として市（町，村）の人々の生活と周囲の都市や村落との具体的関係，都市としての県庁所在地の特色，内容（2）として自然の様子が違い人口や産業にも特色ある県内の生活，重要な産業とこれをささえる諸条件，その将来の発展が取り上げられ，県全体の地理的特色と県内の特色ある地域の様子について学習する内容となっている。また，内容（4）で県民の生活向上を目指して行われる開発，内容（5）で江戸時代から明治，大正の頃の県内の交通，物資輸送を取り上げており，地理的内容を中心に歴史的内容，公民的内容も含めて総合的に県について学習する内容構成となっている。

　昭和52年版学習指導要領では，県の全体的特色に関する内容が地形を扱う程度とされ，自分たちの市と自然条件が異なる県内の特色ある地域を1，2つ

表 4.1.1　昭和 43 年版以降の小学校社会科学習指導要領における自都道府県学習の内容の変遷

年版	学年・項目	主な内容	備考
昭和43年	4年(1) 4年(2)	1. 自分たちの市の人々の生活と周囲の都市や村落との関係，行政区画としての県の広がりや隣接する県 2. 都市としての県庁所在地の特色 3. 県庁の仕事，県庁のあると都市と県内各市町村との関係 4. 県内の地形の概要，主な都市や鉄道，人口の分布や移動，重要な産業とその中心となっている地域の様子 5. 産業を支えている諸条件（地形，気候，資源，交通網，通信），将来の発展	
	4年(4) 4年(5)	6. （先人の行った開発や現在の開発） 7. 県内の交通の発達	
昭和52年	3年(2) 3年(4)	1. 県内における自分たちの市の地理的位置 2. 県全体のとしての地形の特徴 3. 自分たちの市と比べて自然条件が異なる県内の地域における生活の様子	・自分たちの市の人々に生活の特色をより明確にするための県学習。 ・取り上げる地域は1，2の地域に精選する。
平成元年	4年(3)	1. 県内における自分たちの市の地理的位置 2. 県の特色（全体の地形，主な産業，都市，交通網） 3. 県内の人々の生活と国内の他地域や外国とのかかわり	
平成10年	3,4年(6)	1. 県内における自分たちの市の地理的位置 2. 県全体の地形，主な産業，交通網の様子，主な都市の位置 3. 産業や地形条件から見て県内の特色ある地域の人々の生活 4. 人々の生活や産業と国内他地域や外国とのかかわり	・伝統的な工業などの地場産業の盛んな地域と地形から見て特色ある地域を含めて3つ程度の地域を取り上げる。
平成20年	3,4年(6)	1. 県内における自分たちの市及び我が国における自分たちの県の地理的位置 2. 県全体の地形，主な産業，交通網の様子，主な都市の位置 3. 県内の特色ある地域の人々の生活 4. 人々の生活や産業と国内他地域や外国とのかかわり	・伝統的な工業などの地場産業の盛んな地域を含めて，自然環境，伝統や文化などの地域の資源を保護・活用している地域から2つ程度の地域を取り上げる。
平成29年	4年(1)	○都道府県の様子 ・自分たちの県の地理的環境の概要 ・わが国における自分たちの県の位置，県全体の地形や主な産業の分布，交通網や主な都市の位置	・自然災害については過去に県内で発生したものを取り上げる。関係機関については県庁や市役所などの中心に取り上げる。 ・県内の主な文化財や年中
	4年(2)	○人々の健康や生活環境を支える事業 ・県内外の人々の協力	

86　第 4 章　自都道府県学習の新構想

4年(3)	○自然災害から人々を守る活動 ・県内で発生した災害 ・県庁の働き	行事が大まかにわかる。 ・県内の特色ある地域がおおまかにわかる。 ・伝統的な技術を生かした地場産業が盛んな地域,国際交流に取り組んでいる地域,地域の資源を保護・活用している地域(自然環境,伝統的な文化のいずれかを選択)を取り上げる。
4年(4)	○県内の伝統や文化,先人の働き ・県内の文化財や年中行事	
4年(5)	○県内の特色ある地域の様子 ・特色あるまちづくり,観光などの産業の発展	

表4.1.2 学習指導要領における自都道府県学習の変遷

	S30	S33	S43	S52	H1	H10	H20	H29
行政区画としての自県学習	×	×	◎	△	△	○	○	◎
県全体の地理的内容	△	△	○	△	○	○	○	○
県内事例地域の学習	△	△	○	○	×	◎	○	◎
県の歴史的内容	△	△	△	×	×	×	×	△
県の公民的内容	△	△	○	×	×	×	△	△

取り上げて学習することになって,自都道府県学習の内容は大きく削減された。平成元年版学習指導要領では,県全体の特色をとらえられないという批判から県の地形,産業,都市,交通などから県の全体的特色を学習することになったが,逆に県内の事例地域を取り上げて学習する内容は削除された。一方,県内の産業や生活と外国とのつながりの内容が新たに加わった。

　ようやく平成10年版学習指導要領において,県全体の地理的特色と県内の特色ある3つの地域の様子の内容が設定され,自県に関わる地誌的学習の充実が図られた。平成20年版学習指導要領では,平成10年版学習指導要領で「伝統的な工業などの地場産業の盛んな地域と地形から見て特色ある地域を含めて3つ程度の地域を取り上げる」とされた県内の特色ある地域の学習が,「伝統的な工業などの地場産業の盛んな地域を含めて,自然環境,伝統や文化などの地域の資源を保護・活用している地域の中から2つ程度の地域を取り上げる」となり,事例地の数が減るとともにその性格が変化した。

昭和43年版学習指導要領で重視された自都道府県学習が，紆余曲折を経て，平成29年版学習指導要領で再び重視されるようになったという変遷が見て取れる（表4.1.2）。

(3) 自都道府県学習の意義

自都道府県は，郷土意識・アイデンティティの基盤を形成している点，国家的・国土的な活動へと展開する際の基盤になっている点において，人々が生きていくうえできわめて重要な価値をもつ。社会科教育においても自都道府県学習は児童の人間形成の基盤となる内容であり，身近な地域・市区町村学習と国土学習と接続という面でも重要な意味をもつ。以下，より詳しく考察を行う。

■目的概念からみた自都道府県学習の意義[1]

①地方制度および歴史的な面から

わが国の地方制度は，「都道府県－市町村」という二重の制度・組織から成り立っている。都道府県と市町村は国のなかにあって制度的なまとまりをもち，主体的の活動を行う地方公共団体である。都道府県は市町村に比べて規模が大きく，政治的，文化的，スポーツ的等の諸側面において国と直結する位置にある。地方からみた場合の国家的・全国的活動の関わりは都道府県という枠組みを通して行われることが一般的である。都道府県は国家的・全国的な活動を展開する際の基盤点であり，地域代表者という存在である。

現在の都道府県という地方的枠組みは廃藩置県によって誕生し，今日まで150年近くの伝統を有する地方制度的範域である。都道府県は古代律令国家の地方制度である「国」と重なる場合が少なくないことを考慮するならば，都道府県は一層長い歴史的伝統的基盤を有する範域である。市町村の範域は度重なる市町村合併によって大きく変化し，不安定である。

②地域意識の面から

住民と地域の日常的直接経験的関わりは市町村が最大で，児童にとって最もなじみのある最も身近な地域といえる。しかし，都道府県においても直接的な関わりはかなりあり，間接的関わり（情報）という点を加えれば住民意識・所

属意識は市町村と同等程度に大きいといってよい。都道府県と市町村はどちらも住民にとって自己の「地域・郷土」として意識されている。住民は自己の都道府県（郷土）を基盤として，より広い地域（国）と関わるとともに，自己の市町村を（郷土）を都道府県の一部として認識している。

住民の意識・行動は都道府県を核として展開しており，特に，成人，社会人になってからの都道府県への所属意識，アイデンティティは，地方制度的側面も作用し，子どもの時期よりも一層大きなものがある。すなわち，都道府県は，歴史的伝統的基盤，所属意識，その規模，国との関わりという観点から見て，住民にとって最も重要な地方的生活単位である。住民は都道府県において郷土活動を行いつつ，その上に立って国家的・全国的な社会科活動を行っている。そこに社会科教育において自都道府県についての知識・理解・態度を児童に身につけていくことの必要性がある。

■方法概念からみた自都道府県学習の意義

都道府県はある一定の面積と人口を有しており，自然的・社会的な特色をもったいくつかの地域によって構成される。都道府県がまとまりを持ちながらも都道府県内にある程度の多様性が存在する。また，県庁所在地を中心とした市町村のつながりの構造も明確である。市町村は都道府県に比べて面積や人口の差が著しく，市町村内における多様性も各市町村によって大きな差があるため全国共通の学習内容が設定しにくい。すなわち，都道府県は全体としてのまとまりと地域ごとの多様性とつながりがみえやすく，全体地域と部分地域の特色と関連を学ぶのに適したスケールの地域である。

自都道府県学習がカリキュラムに明確に位置づいた昭和43年版学習指導要領では，社会科指導書において形式地域，均質地域，結節地域という3つの地域の見方と中学年社会科学習との関連が述べられている。

均質地域については，都道府県学習では，第4学年の「県の産業と人々の暮らし」というような単元で，地形，気候，資源，人口，産業などの観点から，それぞれの地域の均等性，県内各地の異質性に着目して，県内の自然のちがいやそこに見られる人口や産業分布の違い，県の主要な産業を発見させる学習が

行われるとある。そして，地域的特殊性と一般的共通性の両面に目を向けなければ正しい認識はあり得ないし，こうした地域の人々の共通の願いやそれを実現するしくみや条件を考えるところに中学年社会科のねらいがあるとしている。地域的特殊性と一般的共通性を学ぶ中心的な場として自都道府県学習を位置づけている。

結節地域的な見方の基礎を養う学習については，「わたしたちの市とよその地域とのつながり」「県庁のある都市とのつながり」という単元で，人の動きやものの動きを中心に，具体的に異質的地域との機能的つながりを追求させたり，県庁所在地を中心とした政治的・文化的な力系的地域構造を初歩的に発見させたりするとしている。また，政治的内容を学習する場合には市町村，都道府県という行政的な地域が重要な意味をもち，県という行政的範囲のなかで自分たちの地域の生活や産業と政治がどのような関係にするのかを考えていく必要があると述べられている。

すなわち，自都道府県の学習は地理的見方の基礎である均質地域的な見方と結節地域的見方を培うのに最も適した地域スケールの学習であり，政治的内容の基礎を学習するのに適した行政地域であるということである。これらの指摘は現在の小学校社会科においても通じるものであり，小学校中学年において自都道府県学習を行う重要な意義となる。

(4) 新学習指導要領における自都道府県学習の課題と改善案

新学習指導要領では，自都道府県学習の充実が図られ，地理的内容を中心に，歴史的内容や公民的内容も盛り込まれた。学習指導要領解説では自都道府県学習重視の理由は明確には示されていないが，小・中学校社会科の内容を，①地理的環境と人々の生活，②歴史と人々の生活，③現代社会のしくみや働きと人々の生活という3つの枠組みに位置づけ，①と②は空間的な広がりを念頭に地域，日本，世界と対象を区分し，小学校3年と4年の目標・内容を分けて空間的な広がりの段階性・系統性を設定したことが大きいと考えられる。小学校社会科の内容構成原理として空間的広がりを明示したことは大いに注目される。

同心円的拡大主義については社会集団の拡大という点からその意義が主張されていたが，空間的拡大という点については批判的な論調が多かった。小学校社会科は基本的に地理を基盤とした同心円的拡大カリキュラムが望ましいと考えている。新学習指導要領で小学校社会科の内容構成原理として空間的拡大が明示されたことは評価したい。

　都道府県は，歴史的伝統的な基盤，郷土意識・アイデンティティの基盤，国との関わり，その規模などの点からみて，住民にとって最も重要な地方的生活単位である。自都道府県学習は児童・生徒の人間形成の基盤となるものであり，人々が生きていくうえで重要な価値をもっている。新学習指導要領において，第4学年社会科が自都道府県学習として位置づけられ内容の充実が図られたことも大いに評価したい。ただし，人々の健康や生活環境を支える事業や自然災害から人々を守る活動などの内容を自都道府県の事例を取り上げて行う学習と自都道府県の地理的概要や歴史を学ぶ学習とは区別すべきある。自都道府県学習では，「自都道府県を学ぶ」学習が自都道府県学習の意義に直接対応する最も重要な学習である。「自都道府県を学ぶ」学習を自都道府県学習の中核とし，それと関連させて都道府県に関わる他の学習内容を位置づけるようにすべきであろう。

　新学習指導要領の自都道府県県学習の内容構成については，以下の4つの課題を指摘したい。また，指摘した課題をふまえた改善案も併せて示すことにする。

①都道府県の地域区分を取り上げる

　第1は，自都道府県の地理的環境の概要で取り上げる内容である。県の位置，県全体の地形や主な産業の分布，交通網や主な都市の位置を取り上げることになっているが，県という地域スケールから考えると，県内の地域区分やその特色を内容に加えてもいいのではないかと考える。

　都道府県はいくつかの部分地域に区分される。群馬県を例にすれば，中毛，西毛，東毛，北毛の4地域に区分されている。県は全体地域と部分地域の特色と関連を学ぶのに適した地域スケールであり，地域区分とその名称，各地域の

大まかな特色を学習内容として取り上げたい。県の地域区分は③で述べる事例地学習とも関連させたい。

②地理的環境の概要に関わる内容の充実を図る

都道府県の地理的環境の概要で取り上げる内容は前学習指導要領と同様であるが，これでは不十分であると考える。以下の内容を加えて充実を図るようにする。

自然に関わる内容として地形のほかに気候も取り上げ，県内の自然環境の特色をつかませるようにする。人文的内容としては県の人口を取り上げるようにする。人口は県の概要として必要な内容である。都市に関しては県庁所在地を取り上げ，県内の各都市が関連しているという結節地域的見方の基礎を身につけさせるようにしたい。そして，地形や気候，主な産業，人口や都市の分布，交通網の学習内容を県内の地域区分とを関連させてまとめることで，県内各地域の特色と県全体の地理的特色を理解できるようにする。

また，県の主な産業や交通については，現在の様子とともに歴史的な内容についても取り上げ，現在の県の特色を構成する産業や交通の歴史を地理的学習と関連させて学習するようにする。新学習指導要領の歴史的背景はこの内容で取り上げたい。これらの学習を通して，県の特色を総合的に理解するとともに地域的な見方の基礎を学ぶことができる。

③特色ある地域の取り上げ方の改善を図る

第3は，県内の特色ある事例地を取り上げる際の視点である。事例地は，伝統的な技術を生かした地場産業が盛んな地域，国際交流に取り組んでいる地域，地域の資源を保護・活用している地域（自然環境，伝統的な文化のいずれかを選択）を取り上げるとなっている。県内の事例地域を3つ取り上げることになったのは評価できる。また，国際交流に取り組んでいる地域を取り上げるようになったことは，交流相手国の生活の様子に学習を発展させることができ，外国とのつながりを取り立てて扱う今までの学習から改善されている。

しかし，3つの事例地域を取り上げる視点は以下のように整理した方がよいのではないか。1つ目は「都道府県内の自然環境から見て特色ある地域の産業

や人々の生活」である。これは地理的内容を中心として取り上げる事例地である。2つ目は「国際交流に取り組んでいる地域の様子とつながりのあるくにの人々生活の様子」である。これも地理的内容を中心として取り上げるものである。世界とのつながりやその地域の特色や取り組みを学ぶだけでなく，つながりのある国の自然や人々の様子を写真などで学ぶようにして，世界地誌的学習の導入として位置づけたい。3つ目は「伝統産業・伝統文化を活かしたまちづくり」である。これは地理的内容，歴史的内容，公民的内容を合わせた総合的なものとする。

①で地域区分とその名称，各地域の大まかな特色を学習内容として取り上げるとしたが，県内の特色ある事例地は都道府県の地域区分と関連させて取り上げることが望ましい。群馬県前橋市の小学校のカリキュラムを例に考えると，前橋市は県内の地域区分では中毛地区に位置するので，第1の事例地は北毛地区に属する嬬恋村，第2の事例地は東毛地区に属する大泉町，第3の事例地は西毛地区に属する富岡市を取り上げるということである。

自分たちが居住する市町村自体が取り上げる視点を有した典型的地域である場合は柔軟に事例地を選べるようにしたり，結節地域的な見方を培うために県庁所在地を扱えるようにしたりすることも考えられる。

④「都道府県の歴史」の内容を取り入れる

第4は，自都道府県の歴史的内容の取り上げ方である。新学習指導要領では，地域の文化財や年中行事の内容が県内の事例を中心に取り上げるようになって第4学年に位置づけられ，思考・判断においても歴史的背景に注目することが示された。自都道府県学習における歴史的内容の充実を図るという方向性は評価したい。しかし，自都道府県の歴史に関わる内容はこれが適切なのであろうか。地域の文化財や年中行事の具体的事例は，文化財や年中行事について実物に触れながら子どもたちが調べたり，地域の人々の願いや受け継いでいる人の思いを直接聞いたりする活動が大切であり，今まで通り市区町村内の事例を取り上げるほうが適切ではないかと考える。小学校における自都道府県学習における内容構成の大きな課題は「都道府県の歴史」の内容を欠いていることであ

る。小学校段階で自県の成り立ちや変遷について基礎的なことを学ぶことが必要だと考える。

　自都道府県の文化財や年中行事を調べたり，産業や交通などの歴史的背景について考えたりする内容を取り入れて歴史的内容の充実を図ることは大事ではあるが，自都道府県の歴史的学習で最も必要な内容は「都道府県の歴史」である。郷土意識・アイデンティティの基盤となる都道府県がどのように成立し，現在に至っているかについて学ぶようにしたい。内容は都道府県の誕生の経緯や領域や名称の変化，都道府県の人口の推移，都市の変遷や都市の人口の変化

表4.1.3　自都道府県学習の単元構成案（群馬県を例として：前橋市の事例）
単元名「群馬県はどんな県か」（第4学年）（35時間予定）

小単元名	主な学習内容（テーマ）	時数
大導入	「群馬県はどんなイメージの県か」	1時間
1. 群馬県の様子（A）	(1) 群馬県の地理的位置と地域区分 (2) 群馬県の地形，気候，主な産業，人口，交通網，主な都市の位置	10時間
2. 群馬県の特色ある地域の様子とまちづくり（B）（D）	(1) 豊かな自然を活かした産業とくらし（北毛地区と嬬恋村）（B） (2) 外国とのつながりがあるまち（東毛地区と大泉町）（B） (3) 伝統産業・伝統文化を活かしたまちづくり（西毛地区と富岡市）（D）	18時間
3. 群馬県の成り立ち（C）	・鶴舞う形の群馬県の誕生 ・群馬県の領域と地名 ・高崎市と前橋市の県庁所在地争い ・群馬県の人口と都市の変化	4時間
まとめ	「群馬県はどんな県かまとめよう」	2時間

＊県全体の地理的学習（A），県内の事例地を取り上げた地理的学習（B），県の歴史的学習（C），県内の事例地のまちづくり学習（D）で構成する。(A)〜(D)の分数については，第9章図9.1.1に詳しい。
＊1 (2)の主な産業や交通網の内容については歴史的背景に触れる。
＊2で取り上げる事例地は，できるだけ県内の地域区分とその特色に沿って取り上げる。本単元構成案は，群馬県の中毛地区に位置する前橋市の小学校を想定して作成しているため，(1)は北毛地区，(2)は東毛地区，(3)は西毛地区から事例地を取り上げている。各事例地の学習の中で，各地区の大まかな地理的特色についても触れる。
＊2 (3)の学習で，大泉町とつながりのあるブラジルの人々の生活の様子も取り上げる。

などが考えられる。群馬県を例にすると,「鶴舞う形の群馬県の誕生」「群馬県の領域と地名」「群馬県の人口と都市の変化」などの内容から構成される「群馬県の誕生と発展」という小単元を設定する。

以上の考察をふまえて小学校社会科における自都道府県学習「群馬県はどんな県かな」の単元計画（35時間）を示したものが表4.1.3である[(2)]。

(5) おわりに

自都道府県学習は小学校社会科の基盤的内容の1つであり，平成29年版学習指導要領において第4学年が自都道府県学習と位置づけられその充実が図られたことは評価できる。しかし，新学習指導要領の自都道府県学習の内容構成については課題があると考え，4つの課題と改善の方向性を示した。本稿をきっかけに自都道府県学習のあり方についての議論が広がることを期待したい。

【注】
(1) 山口他（2017）「小・中学校社会科における群馬県学習のカリキュラム開発に関する研究―中間報告―」の第1章「はじめに・問題提起」における山口・佐藤の考察を元にしている。
(2) 各地域スケールの単元を，基盤的内容として地域の全体的特色を学ぶ地理的学習（地誌的学習）を行い，事例地を取り上げた地理的学習へ展開し，それを基に歴史的学習および公民的学習へ発展させる構成としているのは第9章で示した「各地域スケールにおける内容構成基本モデル」（佐藤2016）による。

【参考文献】
佐藤浩樹「同心円的拡大主義の再評価―地理を基盤とした小学校社会科カリキュラムとして―」山口幸男他編『地理教育研究の新展開』古今書院，2016.11
山口幸男・佐藤浩樹・谷田部喜博・小林禎・大﨑賢一・志田福二・日下部和広・木村秀雄「小・中学校社会科における群馬県学習のカリキュラム開発に関する研究―中間報告―」群馬社会科教育学会第5回大会発表資料，2017.2
群馬社会科教育学会「小・中学校社会科における群馬県学習のカリキュラム開発に関する研究―中間報告―」『群馬社会科教育研究』第6号，2018.1

第2節　自都道府県学習改善の視点

(1) 地域イメージと自都道府県学習

　数年前に生まれ育った群馬県を離れ，神戸市へ移り住んで以来，群馬県民ということを強く意識するようになった。研究室前の机にぐんまちゃんのぬいぐるみを置いたり，ゼミの学生に群馬県のお土産を買ったりして群馬県のイメージアップに努めている。

　群馬県について近年とても気になるのが，地域ブランド調査である（ブランド総合研究所による地域ブランド調査，日経リサーチによる地域ブランド力調査）。都道府県のランキングがマスコミに取り上げられるので，話題になることも多い。群馬県は，地域ブランド力が低位に評価されることが多く（最新の結果は，47都道府県の魅力度ランキングでは両調査ともに全国46位），ちょっと悔しく思ったりしている。この調査は，全国の人々が認知度，魅力度，情報接触度，居住意欲度，観光意欲度などの観点からみた都道府県のイメージ調査が中心であるが，県民が自県をどうイメージしているかも調査している。群馬県は両者とも低い傾向にある。

　他県の人のイメージが低いのは仕方がないとして，問題は自県に対するイメージの低さである。自分が住んでいる地域に対するイメージは，地域に対する評価と結びつき，地域に対する態度を規定する重要な意味をもつからである。

(2) 地域イメージと地域の実像

　10年以上前のことになるが，「群馬イメージアップ作戦」という実践を行ったことがある。県外に住む人の群馬県に対するイメージの低さから，「群馬県はそんなに魅力のない県なんだろうか」と問い，児童が県の特徴を調べて，それを群馬県のよさとしてアピールした実践である。

　小学校中学年は，自分の住んでいる地域（市や県）を肯定的にみる時期である。この実践を行ったときにも，児童は県外の人の群馬県に対するイメージがよくないことに対して反発し，それが県の特色を調べて魅力・よさをアピールする学習への意欲へつながっていった。群馬県の特色を調べる過程では，県発

行の資料などから県のよさを知ることができた一方で，統計資料から群馬県を過大評価していた部分があり，課題もあることに気づくこととなったが，児童はそれも含めて群馬県の特徴をよさとしてとらえた。県の課題については，解決の方策を考えるのは4年生では難しいので，県には課題もあることを知るにとどめ，よさを提案する活動を中心とした。

今この実践するとしたら，導入で地域ブランド調査の結果を提示し，他県の人と自分たちの群馬県イメージの共通点と相違点から学習課題を設定し，資料によって他県と比較した県の実像を調査していくような単元構成をしたい。

(3) 県の実情を調べる

県の実像を調査するには，まず地図帳の都道府県統計のページを活用させる。群馬県は全国上位に入る項目は少ないが，野菜産出額は全国7位（2012年）である。児童はどんな野菜がたくさん生産されるのか知りたい。地域副読本にもいくつかの野菜が取り上げられているが，より詳しく知るために筆者が活用しているのが『データでみる県勢　日本国政図会地域統計版』（矢野恒太記念会）である。キャベツ2位，きゅうり2位，うど2位，レタス3位，はくさい3位，ほうれんそう3位，なす3位，スイートコーン4位，ねぎ5位，えだまめ5位，ごぼう5位，やまのいも5位，にがうり5位（2013年）など多くの野菜が全国上位の収穫量を上げていることがわかる。データはあくまで資料の1つであるが，全国における県の地位を客観的に知ることができるので基礎資料として重要である。群馬県がピアノの所有率日本一（2009年）などの意外なデータもあり，本書の活用を勧めたい。

(4) 自都道府県学習の重要性

自分が住む都道府県について調べ，こんなよさがあるんだとアピールする学習体験は，○○県出身というアイデンティティ形成の基盤となり，生涯にわたった生きていく。自都道府県学習は中学年社会科の重要な学習内容の1つである。小学校社会科カリキュラムを考えるうえで，育成すべき資質や能力も現

代社会の諸課題への対応も大切であるが，人間形成の基盤となる自分が住む都道府県に関する学習の重要性について改めて考える必要があろう。

第5章

47都道府県の学習の新構想

第1節 「47都道府県の名称と位置」の学習の位置づけと展開

(1)「47都道府県の名称と位置」の位置づけ

　平成20年版学習指導要領で第4学年に「47都道府県の名称と位置」の学習が導入されたが，広い視野から国内における自分たちの県を理解することは，日本の国土や諸地域の特色を理解し，それとの比較で自分たちの県をみていくことである。そのためには，47都道府県の名称と位置は必ずしも必要な知識ではなく，近隣の都道府県やその県が属する地方の都道府県の位置と名称の理解で十分である。群馬県を例にとれば，「群馬県は日本のほぼ中央に位置している」「群馬県は，南は埼玉県，西は長野県，東は栃木県，北は新潟県と福島県に囲まれた内陸県である」「群馬県は関東地方に属し，関東地方は東京都，神奈川県，埼玉県，千葉県，茨城県，栃木県，群馬県の一都六県から成り立っている」ことを地図帳で調べ，白地図作業などを通して理解させればよい。47都道府県の名称と位置を小学校段階で習得させることは大事なことであるが，平成20年版学習指導要領のカリキュラムでは47都道府県の名称と位置の学習は県に関するほかの学習内容から浮き上がってしまう。また，国土学習や産業学習とも関連がなく，機械的に47都道府県の名称と位置を習得する学習になってしまう危惧がある。このことは平成29年版学習指導要領においても変わっていない。

　都道府県の名称と位置については，第4学年で習得した都道府県の名称と位置の知識を第5学年以降の学習で活用していくのではなく，第4学年で近隣の県およびその県が属する地方の県の名称と位置を習得させ，日本の都道府県に関心をもたせる。第5学年の国土学習，産業学習のなかで，その県が属する地方の特色や産業の様子と関連させて都道府県を理解させていくようにするべき

である。すなわち,「47都道府県の名称と位置」の学習は,国土学習の導入として第5学年の最初に位置づけたほうが適切であり,この学習で47都道府県への関心を高め,地誌的学習の視点を取り入れた国土学習のなかで習得・定着を図っていくべきである。第4学年の内容とするならば,第4学年を「近隣の都道府県の名称と位置の習得」「47都道府県の名称と位置への関心」,第5学年を「47都道府県の名称と位置の習得」と示すべきであろう[1]。また,47都道府県の名称と位置の習得は,白地図上で指摘できるだけでなく,都道府県名を漢字で書けることも含めたい。

以上のことから,「47都道府県の名称と位置」についてのカリキュラムは,図5.1.1に示したものが望ましいと考える。

```
┌─────────────────────────────────────────────┐
│  我が国における自分たちの都道府県の地理的位置（4年）  │
│ [近隣の都道府県，その県が属する地方の都道府県の名称と位置の習得] │
│                    ↓                         │
│     47都道府県の名称と位置（4年）              │
│ [47都道府県への興味・関心，関心ある都道府県の名称と位置の習得] │
│                    ↓                         │
│ （地誌的学習の視点を取り入れた）日本の国土や産業に関する学習（5年）│
│                    ↓                         │
│    [各地方の特色と関連させた47都道府県の理解]     │
│    [47都道府県の名称と位置の習得・活用]          │
└─────────────────────────────────────────────┘
```

図5.1.1 「47都道府県の名称と位置」のカリキュラム

(2) 「47都道府県の名称と位置」の学習

「47都道府県の名称と位置」の学習は,機械的な作業中心活動の学習ではなく,児童が課題意識をもって調べるなかで習得を図る学習でありたい。カリキュラム案に従って「47都道府県の名称と位置」の学習を第5学年に位置づける場合には,第5学年の国土学習の導入として,給食の材料のふるさと調べの結果を白地図にまとめる活動などを通して都道府県への関心を高めるようにしたい。

第4学年に位置づける場合には，第5学年で取り上げるうえでの留意事項に加え，県に関する学習との関連を図り，第5学年の国土学習につなげるような工夫が必要である。例えば，県に関わる学習の最後に，都道府県と他地域とのつながりを調べるなかで出された都道府県の名称と位置を白地図にまとめる活動を行い，近隣の県を中心に全国に広がっていることに気づかせ，生活のなかでほかの都道府県とつながっていないか投げかけることで47都道府県への関心を高めるような指導が考えられる。

(3) 「47都道府県の名称と位置」の習得

「47都道府県の名称と位置」の学習は，都道府県への関心を高めることをねらいとすべきであり，47都道府県の名称と位置は，第5学年の1年間をかけて国土学習のなかで都道府県の特色と結びつけて確実に身につけさせたい。

また，47都道府県の名称と位置の習得には，さまざまな活動を工夫することも必要であり，以下4つの方法を示した。

①白地図の活用

第5学年の国土学習，産業学習で教科書が事例地として取り上げている都道府県を白地図に着色し，併せて取り上げた特色についても記入していく。副次的に取り上げている事例や掲載されている写真についても同様に活動をしていくとほとんどの都道府県が着色される。都道府県の地理的特色と関連させて都道府県の名称と位置を習得できる。5年生の1年間をかけてじっくり取り組みたい。

②都道府県パズルなどの活用

47都道府県への関心を高め，楽しみながら習得させるには，ゲームやパズルを活用することが効果的である。ゲームやパズルは多数開発されているが，例えば，都道府県の名称を漢字でしりとりしていく「都道府県チェーンパズル」は，都道府県の名称を漢字で覚えるのに最適である。

③教室掲示の工夫とカルタづくり

47都道府県の位置と名称の学習の一環として，日本地理かるたの作成をめ

ざした掲示環境づくりに取り組みたい。教室に日本地図を掲示するとともに，都道府県の情報コーナー，写真コーナー，都道府県調べコーナーなどをつくり，子どもたちが調べ発表したことを掲示していく。この掲示環境づくりを通して都道府県の情報を蓄積し，関心を高め，かるたづくりへの意欲を醸成しておき，年度末の学習で日本地理かるたを作成する。作成したかるたで遊ぶことにより，都道府県の特色を理解しながら位置と名称を習得できる。かるた作成・かるた遊びは総合的な学習の時間に実施することも考えられる。かるた作成が難しければ環境づくりだけでも効果は大きい。

④ミニテストの実施

47都道府県の名称と位置を習得させるには，テストを実施することが必要であろう。日本の地方ごとにミニテストを実施し，最後には，47都道府県の名称と位置のまとめテストを行って確実な習得を図りたい。テストは①〜③のような取り組みを経て行うことが大事である。

以上の活動は第4学年でも可能なものもあるが，第5学年で国土学習と関連づけて行うほうが効果的である。

【注】
(1) 小学校学習指導要領解説社会科編でも「小学校修了までには確実に身に付け活用できるようにする」とあり，さまざまな都道府県の名称が登場してくる学習場面で，その都度，都道府県の位置を地図帳の日本地図で確認したり，学習した事柄を日本地図（白地図）に整理したりすること，日本の都道府県を表す教室に常掲することなどの活動例が示されているように，第4学年で47都道府県すべての名称と位置を習得させる必要はないと考えられる。（『学習指導要領解説社会編』pp.106-107）

第2節 「47都道府県の名称と位置」の指導のポイント

(1) 覚えても忘れてしまう47都道府県の名称と位置

2015（平成27）年2月に公表された小学校学習指導要領実施状況調査（平成25年2月〜3月実施）の結果によれば，「47都道府県の名称と位置」については，平成18年度の調査と比べて改善傾向にあるが引き続き課題があるとされてい

る。具体的には，通過率80％以上の都道府県が4県から3県へ，60％以上80％未満が8県から17県へ，60％未満が35県から27県へと変化している。通過率50％未満の都道府県は20県から4県へと減少しており，定着率は上がっているようにみえる。この結果は，平成20年版学習指導要領の内容に「47都道府県の名称と位置」が新設されて指導の充実が図られたこともあるだろうが，今回の調査が4年生対象なのに対し，前回調査が6年生対象ということも影響していると思われる。今回のテストで通過率が高かった4年生が6年生になっても同レベルの通過率を保てるかわからないからである。

　筆者が大学の授業で47都道府県の名称テスト（白地図に番号をつけた47都道府県の名称を漢字で答えるテスト）を行うと，全問正解して小学校で覚えたことを忘れていなかったと感想を書く学生がいる一方，小学校のときに47都道府県の名称と位置を覚えたのに忘れていてショックだったという学生がかなりいる。一度覚えたことでも時間がたつと忘れてしまうのである。小学生で覚えた47都道府県の名称と位置の知識をそのまま保持している学生と忘れてしまった学生の違いについて調査中であるが，覚え方の違いが要因の1つではないかと推測している。一度覚えた47都道府県の名称と位置の知識を忘れないで定着させる指導はどうあるべきだろうか。

(2) 47都道府県の特色と関連させて名称と位置を覚える

　学習指導要領解説では，「47都道府県の名称と位置」を調べるとは，わが国が47都道府県によって構成されていることがわかり，都道府県の名称と位置を1つひとつ地図帳で確かめ，日本地図（白地図）上で指摘できることとされている。筆者は，47都道府県の名称と位置の知識は県の特色と関連づけて覚え，白地図上で指摘できるだけでなく漢字で書けるようにすべきだと考えている。小学校高学年は，地理的意識の爆発期である。子どもの地理的な関心が高まるこの時期に47都道府県の特色を積極的に学ばせたい。47都道府県の特色を学ぶことで，都道府県への関心を高め，一生剥がれ落ちない47都道府県の名称と位置の知識を身につけることができる。

47都道府県の名称と位置の知識を定着させるには，テストなどによって集中的に覚える取り組みを行う必要があると思う。しかし，それは4年生の都道府県学習のなかで行うのではなく，5年生の後半に行うほうがよいと考える。4年生で定着させようとすると，47都道府県の名称と位置だけを機械的に覚えることになってしまいがちだからである。4年生で基盤的知識として47都道府県の名称と位置を覚え以後の学習で活用するというのではなく，県の特色と関連づけて名称と位置を覚えることが大事である。

　4年生ではクイズやパズル，カードなどを使って47都道府県への関心を高めることを中心に指導して自分が住む地方の都道府県から覚えはじめ，5年生の社会科学習を通して47都道府県の特色と関連させて名称と位置を身につけていくようにする。その取り組みは特別なものである必要はなく，学習指導要領解説にあるように，学習で都道府県の名称が登場したら（教科書の写真も含む），そのつど地図帳で位置を確認し，白地図に着色するようにする。同時にどんな事象でその都道府県が登場したかを整理していく。1年間続けていくとほとんどの都道府県を取り上げることになり，情報が蓄積される。日本地図を掲示し，都道府県紹介コーナーをつくるなど教室環境を整え，都道府県を覚える雰囲気を醸成しておく。

　このような取り組みを経て，「日本地理かるた」（全国地理教育学会編）を活用した「47都道府県を調べよう」という特設単元を設定したい。5年生での実施が難しければ4年生の自県（都・道・府）学習のなかで行うこともできる。

　47都道府県の名称と位置の知識を定着させるには，時間をかけて都道府県への関心を高めたうえで「日本地理かるた」を活用するなどして都道府県の特色と結びつけて名称と位置を覚えることがポイントである。「日本地理かるた」を活用した47都道府県の学習は第3節で詳しく述べたい。

第3節 「日本地理かるた」を活用した47都道府県の学習

(1) 47都道府県の習得と「日本地理かるた」

2008（平成20）年3月の学習指導要領改訂で，第4学年に47都道府県の名称や位置の内容が新設され，各学年でも地図や統計資料などを効果的に利用して指導し，小学校修了までに47都道府県の名称と位置を確実に身につけ，活用するようにできることが大切とされた。47都道府県の名称と位置が，世界の主な大陸と海洋，主な国の名称と位置ととともに学習指導要領の内容に盛り込まれたことは，小学校社会科において地理的知識・地理的学習の重要性が再認識されたことを示したものであろう。

学習指導要領改訂を受けて，47都道府県の名称と位置を習得させることをねらいとしたワークやパズル，テストなどが多く作成・活用されている。このような教材開発や活動を行い47都道府県の名称と位置を身につけさせることは必要ではあるが，47都道府県の名称や位置だけを取り出して覚えさせる学習が行われることが危惧される。47都道府県の名称や位置は，それだけを覚えてもその後の学習の基盤となる知識とはならない。47都道府県の名称や位置は，各都道府県や地方の地域的特色と結びつけて理解してこそ生きて働く価値ある知識となる。

都道府県の名称と位置を都道府県の特色と結びつけて理解させるのに有効であると考えられる教材が，2010（平成22）年11月に完成した日本地理かるた（全国地理教育学会・日本郷土かるた研究会編集）である。日本地理かるたは，景観（絵札）と句（読み札）と地図で47都道府県の特色が学ぶことができ，社会科学習・地理学習での活用が期待されている。日本地理かるたを活用した社会科学習・地理学習の実践としては高等学校の今井（2011）がある。小学校における実践は本実践が初めてである。

(2)「日本地理かるた」を活用した47都道府県と7地方の学習

学習指導要領においては，日本に関わる学習は，各学習指導要領によって内容的にやや違いはあるものの，基本的に小学校では産業学習を中心とした系統

地理的学習が展開され，中学校では日本の各地方や都道府県の地域的特色を学ぶ地誌的学習が行われてきた。小学校における産業学習は意味ある学習であるが，児童・生徒の発達段階から考えると，小学校段階で日本の各地方や都道府県の特色を学ぶ地誌的学習を取り入れたい。日本の7地方と47都道府県の名称と位置およびその地域的特色の概要は，小学校段階で身につけるべき社会生活を営むうえでの基盤的知識である。平成20年版学習指導要領で，中学校地理的分野の日本に関する学習は，日本をいくつかの地域に区分し7つの中核をもとに考察する地誌的学習となったが，小学校における日本に関する地誌的学習を基盤として日本の7地方や都道府県の特色についてさらに深い考察を加えていくスパイラル的な学習が展開できるようにしたいと考える。

　小学校段階に日本に関する地誌的学習を導入するためには，第5学年の学習を国土・産業学習として再構成し，各地方の特色と日本の産業の特色とを関連させて学習するようなカリキュラムとすることも考えられるが（第6章第1節参照），現行学習指導要領下における工夫としては，日本地理かるたを活用した学習が有効であると考えられる。具体的には，第4学年の学習で47都道府県の名称と位置への興味・関心をもたせたあと，第5学年の学習のなかで，事例地となる都道府県を取り上げその特色と関連づけて47都道府県の名称と位置を身につけていくようにし，日本の各地方や都道府県の地域的特色へ興味・関心を広げていく。そして，第5学年の学習のまとめとして，「47都道府県の特色を調べよう」という特設単元を設定し，日本地理かるたを活用して都道府県や各地方の特色を調べる学習を行う。このことにより，児童は日本の7地方と47都道府県の名称と位置およびその地域的特色の概要を主体的に学習し，身につけていくことができる。

(3) 単元「47都道府県の特色を調べよう」の構想

　単元「47都道府県の特色を調べよう」では，日本地理かるたを活用して，①かるた取り，②かるたの札の紹介カード作成，③都道府県新聞作成，④紹介カードと都道府県新聞の発表・交流という4つの活動を行うこととした。単元

構成の流れは，①の活動で47都道府県やその特色に興味・関心をもたせたあと，一人が1つか2つの都道府県を担当して②および③の活動を行って自分が担当した都道府県の特色を主体的・共感的に理解し，最後に④の活動を行うことによって47都道府県の名称と位置をその特色と関連させて理解するとともに7地方の特色を考えることができるようにした。以下に，単元「47都道府県の特色を調べよう」の学習指導案（略案）を示す。

(4) 実践の概要
■第1次「日本地理かるたを楽しもう」

本単元の学習は，「日本地理かるたを楽しみながら47都道府県の特色を覚えよう」というめあてを示し，日本地理かるたのかるた取りからスタートさせた。4人1組のグループを9つつくり，4人が机を合わせ1人の机に12枚ずつ（横4枚×3列）取り札を並べ，教師が読み手となってかるた取りを行った（公開授業時のみ床に座って実施）。読み手は2回読みをし，小学生にとって難しい言葉について途中で若干の解説を入れながらかるた取りを進めた。かるた取りは1時間の授業で2回戦を行い，残った時間は覚えた札や印象に残った札の紹介，かるたの感想の発表などをさせた。子どもたちにとって，人物が読まれている札（「西郷どんと薩摩隼人と桜島」，「賢治・啄木 岩手が誇る二大詩人」），果物が読まれている札（「マスカットピオーネ白桃岡山県」，「ラ・フランスさくらんぼ実る山形県」など），特徴的な札（「北海道 北の大地にBoys be ambitious」，「車の生産日本一の愛知県」など）が覚えやすかったようである。

■第2次「日本地理かるたの紹介カードと都道府県新聞をつくろう」

かるた取りによって47都道府県への関心が高まってきたところで，「日本地理かるたの紹介カードをつ

「日本地理かるた」のかるた取りをする子どもたち（公開授業で）

社会科学習指導案

5年1組　指導者　佐藤浩樹

1　単元名　　47都道府県の特色を調べよう（特設単元）

2　目標
　　日本の47都道府県について関心をもって調べ，都道府県や各地方の地域的特色と関連づけて47都道府県の名称と位置を理解することができる。

3　指導計画（9時間予定）（本時は8時間目。第1次と第3次の内容を組み合わせて実施。）

次	時	ねらい	学習活動	支援および留意点	評価項目
第1次	3時間	47都道府県やその特色に関心をもつことができる。	日本地理かるたのかるた取りを行う。	・読み手は教師，四人一組で行う。 ・回数を重ね，少しずつ札の内容に関心を向けるようにする。	意欲的にかるた取りをし，関心を高めている。
第2次	3時間	47都道府県の特色を調べることができる。	日本地理かるたの読み札の内容や読まれている都道府県の特色を調べ，カードと新聞にまとめる。	・一人が1つか2つの都道府県を担当して調べる。 ・共通資料＋図書資料，インターネット資料で調べる。	都道府県の特色を進んで調べ，紹介カードと新聞にまとめている。
第3次	3時間	47都道府県の特色を理解し，7地方の特色を考えることができる。	かるたの解説や都道府県の特色を発表し，地方の地域的特色を考える。	・発表は基本的な流れを示し，小グループで同時に行う。 ・各地方の読み札を確認し，どんな内容が多いか考えさせる。	都府県の特色を理解し，地方の特色を考えようとしている。

4　本時の学習
（1）ねらい
　　○都道府県の名称や位置，都道府県や地方の特色への関心を高めることができる。
　　○関東地方と近畿地方の都道府県の名称と位置を特色と関連づけて理解することができる。
（2）準備
　　教師…「日本地理かるた」9セット，「日本地理かるた」地図，関東地方と近畿地方のかるたの札の拡大カラーコピー
　　児童…地図帳，日本地理かるた紹介カード，都道府県の特色をまとめた新聞

(3) 展開

学習活動	時間	指導上の留意点	評価項目
1.「日本地理かるた」のかるた取りをする。	17分	・47都道府県の特色が読まれた「日本地理かるた」を活用する。 ・四人一組で実施する。床で行うので座布団などを用意させる。 ・教室に日本地図や作成した学習新聞等を掲示して雰囲気を整え，楽しく活動させる。	意欲をもってかるた取りをし，都道府県への関心を高めている。（観察）
2. 関東地方と近畿地方の都府県の特色について調べたことを発表する。	13分	・都道府県の特色をまとめた新聞を見せながら小グループで発表させる（7か所コーナーを作り，1回目は関東地方，2回目は近畿地方の都府県を発表する）。 ・発表の流れは，「都道府県名→札の紹介→札の解説→特色の紹介→まとめ」とする。 ・クイズを出す，質問を受ける，情報の追加をする等により交流を図るようにする。	関東地方，近畿地方の都府県の特色を理解し，地方の特色を考えようとしている。（観察）
3. 関東地方と近畿地方の地域的特色を考える。	12分	・関東地方と近畿地方の札の拡大コピーを黒板に掲示しておく。 ・日本地理かるた紹介カードを貼る白地図を黒板に掲示しておき，教師が指した関東地方と近畿地方の都府県の読み札を全員で言っていくようにする。 ・日本地理かるたに読まれた事象や発表の内容をもとに地方の特色を考えさせる。 ・自分の考えを隣の児童に発表したあと，全体に発表させる。 ・関東地方の特色として「日本の中心」に気づかせたい。 ・近畿地方の特色として「歴史・伝統・文化」に気づかせたい。	
4. 学習のまとめをする。	3分	・授業で学んだことや授業の感想を発表させ，学習内容を確認する	

くろう」と課題を投げかけ，1人が1～2つの都道府県を担当して紹介カード作成に取り組むことにした。担当する都道府県は子どもたちに希望を取り，それをもとに教師が調整して決定した。効率的にカード作成を進めるために，『にっぽん探検大図鑑』（小学館）の担当都道府県のページのコピーを基本資料として配付し，ほかの図書資料やインターネットのwebページの資料も活用

させて調べさせた。紹介カードは，かるたの読み札の解説を中心にかるたに読まれていない有名なことも含めて都道府県を紹介するものとした。かるたに読まれた都道府県の象徴的な特色を中心としながらほかの事象も取り上げたのは，多面的な都道府県の理解をねらったためである。紹介カードは，発表のあと，日本地図のまわり貼ってクラスで1つの掲示物を作成した。

子どもたちの意欲の高まりを受け，紹介カード作成の活動を都道府県新聞（A4判）づくりに発展させた。都道府県新聞にも日本地理かるたで読まれた事象は必ず入れるようにし，あとは各自工夫させた。

■第3次「47都道府県の特色を紹介し合おう」

第3次の学習では，各自が作成した紹介カードと都道府県新聞を小グループで発表し，交流する活動を行った。最初の時間（第7時）は，1回目は北海道・東北地方，2回目は九州地方を担当した児童がそれぞれ場を設定して発表し，ほかの児童は各グループに分かれて発表を聞き，質問や感想を出し合った。発表が終わったあと，北海道・東北地方のかるたの札を1つずつ確認し，どんなことを読んだ札が多いか聞いたところ，果物，自然，祭りに関する札が多いという意見が出された。また，九州地方の読み札については，歴史（古いもの），観光，自然，文化に関する札が多いという意見が出され，かるたに読まれた内容からそれぞれの地方の特色をとらえることができた。

第8時は，「日本地理かるた完成記念公開授業」として，安中市立碓東小学校多目的教室で，安中市社会科主任会の先生など約30名が参観して行われた。導入として日本地理かるたのかるた取りを行ったあと，小グループに分かれて関東地方（1回目）と近畿地方（2回目）の都府県について発表・交流を行った。発表は，かるたの札の解説→新聞の説

都道府県について調べたことを小グループで発表・交流する

明→質疑・感想という流れで行った。発表が終えたあとは、黒板に掲示した関東地方と近畿地方の札を確認し、それぞれどんな特色があるかを考えさせた。近畿地方については古いものに関する札が多いこと、関東地方については、観光に関する札と新しいもの・都会に関する札が多いことが出され、各地方の特色としてまと

かるたの札の内容から関東地方と近畿地方の特色を考える

めた。最後に今日の授業の感想を発表させて授業を終了した。

第9時は中部地方と中国・四国地方について発表・交流を行った。この2つの地方については地方をまとめるような特色が出されず、中部地方も中国・四国地方も大きく3つの地域に分かれている地方であることを教師が説明した。

(5) 実践の考察

第8時のまとめで授業の感想を発表させたが、日本地理かるたを活用した授業に対してたいへん肯定的なものが多かった。また、授業後に書かせた感想には、「緊張したけど楽しかった」「かるたの札が覚えられ」「県名が覚えられた」「県の特色や有名なものがわかった」「社会が好きになった」「県のことを調べるのがおもしろかった」「都道府県への関心が高くなった」などの内容が多くあり、日本地理かるたの活用によって都道府県への関心と理解が高まったことがわかる。以下は感想の例である。

○昨日の授業をしてとっても楽しかったです。かるたは多く取りたいと思ってやると、県名や特色がすぐに覚えられました。かるたをしてこれまで苦手だった社会が楽しくなりました。
○この授業を受けて今まで知らなかった文化、自然、食べ物などが知れてよかったです。調べていてもこれは何年にできたなどのことがすごくよくわかりました。そしてかるたでは、何回もやっているうちに、それぞれの県の札が少しずつ覚えられてきま

した。きんちょうしたけど，楽しく発表できてよかったです。とてもいい一日になってよかったです。
○私は47都道府県の場所や県名などはあまり知りませんでした。でもこのようなことをしていろいろの県の特色や有名なことがわかりました。私はいろいろな先生がたくさん来てくださったとき発表をやりませんでした。でもとてもきんちょうしました。発表している人のかるたの札やその県のことなどがたくさん覚えられました。私はこの授業をしていろいろな県のことがたくさんわかったのでよかったです。

また，単元の学習終了後に日本地理かるたを活用した学習についての簡単なアンケート調査を行った。その結果は以下のとおりである。

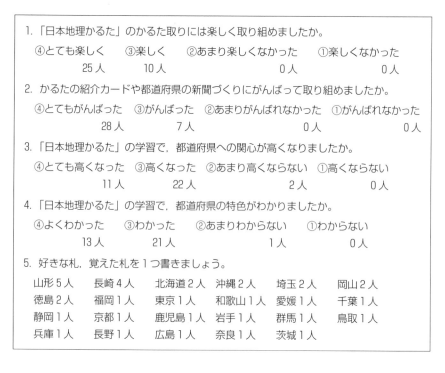

かるた取りは授業中に6回行ったが，とても盛り上がってやっていた。子どもたちにたいへん好評であり，クラス担任の先生からは子どもたちが日本地理かるたをとても楽しみにしているという声をいただいた。日本地理かるたは，

かるたという日本の伝統文化に触れ，楽しみながら都道府県の名前や特色を学べるといえる。

　子どもたちはかるたの紹介カードや都道府県新聞づくりにも熱心に取り組んでいた。第5学年の学習のなかで最も一生懸命取り組んだように思われる。活動内容に魅力があり，基礎資料があったため調べやすかったことがその理由として考えられる。本単元の学習後，ミニテストなどを行って都道府県の名称と位置を覚えていったが，意欲満々で取り組む子どもたちが多かった。本単元前の都道府県の名称と位置についての理解は，ほぼすべての県…1人，半分程度の県…15人，10程度の県…16人，ほとんどわからない…4人であったが，学年末に行った47都道府県の名称と位置を確認するテストでは，17人が満点を取り（36人中），平均点は39点（47点満点）であった。この結果は学習指導要領実施状況調査（平成25年2月～3月実施）の結果に比べてかなり高い数値である。「日本地理かるた」を活用した47都道府県の学習は，都道府県への関心を高め，都道府県の名称と位置を身につけるという点では確実に成果があったといえる。

　かるた取りやかるたの紹介カードづくりや都道府県新聞づくりで都道府県の特色の理解が進んだともいえる。何個も札を覚えたという子もたくさんいる。本実践では，かるた取り以外にカードづくりと新聞づくりをし，交流も行ったのでかるたの内容を中心に他の特徴にも理解が広がった。この活動により，かるたの内容＋αの都道府県イメージが形成されたと思われる。

　好きな札・覚えた札については，果物の出てくる県の札，北海道，沖縄の札が若干多いが，たくさんに分かれている。これは都道府県を担当して調べたためであるといえる。1人という都道府県は，すべて自分が調べることを担当した都道府県である。担当都道府県の半分以上は機械的に決めたものだが，それでも調べてみるとその都道府県のよさに気づき，好きになったようである。自分の担当した県に行ってみたいという子も多くいた。地域の特色を理解することによって地域が好きになるということが改めて確かめられたといえる。

(6) まとめ

　本節では，2010（平成22）年11月に完成した日本地理かるたを活用して47都道府県の特色を学習した授業についてまとめたものである。実践を通して日本地理かるたは都道府県の特色を学習するのに大変有効な教材であることが確かめられた。その具体的成果は以下のとおりである。

　①かるた取りの活動は，日本の文化に触れ，友だちと交流し，楽しみながら都道府県の特色への興味・関心を高めることができる。何度も実施することで特色と関連させて都道府県の名称と位置を習得させていくことができる。

　②紹介カードや都道府県新聞を作成し，発表・交流することで，都道府県の特色を理解させることができる。児童はこの活動に熱中して取り組んでおり，小学校高学年は都道府県の特色について学習するのに適した時期である。

　③紹介カードや新聞作成でかるたに読まれた以外の特色を発展的に調べることにより，都道府県の特色についての理解が広がり，かるたの札に読まれた内容＋αで都道府県の特色を共感的にとらえさせることができる。

　④地方ごとにかるたの札に読まれた内容の共通性を考えさせることで，各地方の大まかな特色をとらえさせることができる。この学習内容を中学校における日本の諸地域学習の基礎として活用し，スパイラル的に日本の諸地域に関する学習を展開することができる。

　最後に日本地理かるたの活用の工夫について述べておく。本実践では，かるたの紹介カードや新聞づくりなどの活動を行っているが，かるた取りを行うだけでも学習効果は大きいと考える。日本地理かるたは手軽に活用できるところも教材としてのよさである。また本実践は，第5学年の学習のまとめして特設単元を設定して行ったが，日本地理かるたは，第4学年の47都道府県の名称と位置の学習のまとめとして活用することもできる。日本地理かるたのかるた取り，都道府県を紹介するカード・新聞づくりや発表は，朝学習の時間や朝の会の時間を使って実施することもできる。この学習を発展させて，都道府県か

るたをつくる活動を行うことも考えられる。

　日本地理かるたは47都道府県の特色を学ぶことができる優れた教材である。日本地理かるたが日本全国で活用され，子どもたちが都道府県への関心を高め，その特色と関連させながら都道府県の名称と位置を学ぶ学習が展開されることを期待したい。

【参考文献】
全国地理教育学会日本地理かるた制作委員会「『日本地理かるた』（都道府県編）制作の中間報告」『地理教育研究』№5，pp.47-50，2009.10
今井英文「『日本地理かるた』を活用した高校地理の授業実践」『地理教育研究』№8，pp.48-53，2011.3
佐藤浩樹・今井英文・山口幸男「日本地理かるたを活用した地理的学習の実践」『日本社会科教育学会大会論文集』№7，pp.90-91，2011.10
佐藤浩樹「日本地理かるたを活用した『社会科概説』の授業」『教職課程年報』№8，pp.38-42，2014.4
山口幸男・佐藤浩樹・今井英文・原口美貴子「教員養成教育における日本地理かるた（都道府県かるた）の活用—小社専「社会」の場合—」『地理教育研究』№14。，pp.27-35，2014.10

第6章

国土学習の新構想

第1節 地誌的学習の視点を取り入れた国土・産業学習の提案

(1) はじめに

　平成20年版学習指導要領における小学校社会科の地理的内容は，その後の学習の基盤となる知識として，第4学年に「47都道府県の名称と位置」，第5学年に「世界の主な大陸と海洋」「主な国々の名称と位置」「我が国の位置と領土」が新たに加わって国土学習が重視され，より広い視野から都道府県や国土を理解することとなった。また，日本に関する学習では，産業の様子に関する学習が引き継がれるとともに，防災や情報化社会に関する内容が新しく加わり，第5学年の学習が国土学習，産業学習から社会に関する学習を含むものへと広がりを示した。これらの学習内容ついての実践研究が進められているが，今こそ小学校の地理的学習のあり方，小学校の地理的学習の内容やカリキュラムについて改めて検討し，そのうえで小学校社会科の地理的学習全体のなかに位置づけた実践研究を行う必要があると考える。

　そこで本節では，まず，小学校社会科の地理的内容を検討し，小学校社会科の地理的学習，特に国土に関する学習のあり方について考えを述べる。そして，その考えに基づいた学習指導要領において実現可能な小学校第5学年の社会科カリキュラム案（年間指導計画案）を示し，最後に国土に関する学習の単元構成について具体例をあげて提案したい。

(2) 小学校社会科地理的内容の課題

　社会科地理学習において，小学校段階では，人格形成をしていくうえで，自分の存在基盤である地域（市町村や都道府県）や国土の特色を広い視野から理解する学習が重要である。今回の学習指導要領の改訂で，「47都道府県の名

称と位置」「世界の主な大陸と海洋」「主な国々の名称と位置」「我が国の位置と領土」などの内容が新たに加わったこと，また，第5学年において国土学習の内容が（4）から（1）へと順番が変わったことなど，国土に関する学習を中心に地理的内容が重視されたことはたいへん意義あることである。しかし，国土に関する地理的学習の内容については，以下の2点について課題があるのではないかと考える。

　第1の課題は，国土学習と産業学習などとのバランスである。国土学習の内容は増えたが，産業学習などの比重が高いことは変わらず，国土学習の内容も広い視野から日本をみることに重点がおかれている。小学校段階では，日本の国土の地理的環境の様子を理解させることが重要であり，国土学習のさらなる充実が必要であると考える（第6章第2節，第3節参照）。

　第2の課題は，日本の諸地域に関する学習の必要性である。平成20年版学習指導要領では，中学校で日本の諸地域に関する学習が復活したが，発達段階的にみると地誌的なアプローチは小学校段階でこそ取り上げるべきであり，小学校段階において日本の国土全体の特色を学習するとともに，日本の各地方の地域的特色も学習する必要があるのではないかと考える。小学校社会科の地理的内容に地誌的学習の視点を取り入れるとともに，産業学習と国土学習とを関連づけて構成していくことが必要である。

（3）小学校第5学年社会科の全体構想―地誌的視点を取り入れた年間指導計画試案の提案―

　前項で小学校社会科の地理的内容においては，国土学習の充実を図り，地誌的学習の視点を取り入れること，都道府県の名称と位置の学習と国土学習とを関連づけることが重要であると指摘した。この考えに基づいて，国土学習を重視するとともに産業学習と地誌的学習とを関連づけた小学校第5学年社会科年間指導計画（100時間）の試案を示したものが表6.1.1である[1]。

　本年間指導計画案の特色は以下のとおりである。

①大単元「わたしたちの国土とくらし」に23時間をかけて国土学習，特に

表 6.1.1 　地誌的学習の視点を取り入れた小学校第 5 学年社会科年間指導計画案（全 100 時間）

学期	大単元名	小単元名	主な学習内容
1学期（35時間）	1．わたしたちの国土とくらし（23）	大導入① (1) 世界から日本を見ると⑥ (2) わたしたちの国土のようす③ (3) わたしたちの国土と気候③ (4) 広い土地を生かした十勝平野のくらし⑤ (5) 暖かい気候を生かした沖縄島のくらし⑤	・世界の主な大陸や海洋，主な国々の名称と位置，我が国の位置と領土． ・日本の地形の概要 ・日本の気候の概要 ・地形を生かしたくらしの様子 ・気候を生かしたくらし様子
	2．わたしたちの国土と環境（12）	大導入① (1) 環境問題と北九州市の取り組み⑤ (2) 白神山地の森林資源と防災への取り組み⑥	・日本の公害，九州地方の地域的特色 ・日本の森林資源，林業，自然災害の防止
2学期（41時間）	3．わたしたちの生活と食料生産（26）	大導入① (1) さまざまな食料生産と日本の農業・水産業⑥ (2) 米づくりがさかんな庄内平野⑧ (3) 水産業がさかんな宇和島市⑥ (4) これからの食料生産⑤	・日本の農業・水産業の特色 ・日本の米づくり，北海道・東北地方の地域的特色 ・日本の水産業，中国・四国地方の地域的特色 ・日本の食料生産の現状と課題
	4．わたしたちの生活と工業生産（22）	大導入① (1) さまざまな工業製品と日本の工業⑥ (2) 自動車づくりがさかんな豊田市⑨	・日本の工業の特色 ・日本の自動車工業，中部地方の地域的特色
3学期（24時間）		(3) 貿易港神戸と日本の貿易⑥	・日本の貿易の特色，近畿地方の地域的特色
	5．わたしたちの生活と情報（17）	大導入① (1) わたしたちのくらしと情報化社会⑦ (2) 東京の医療ネットワークの働き⑨	・放送局の働き，情報化された社会 ・情報ネットワークの働きと関東地方の地域的特色

＊大単元名および小単元名の横の数字は時数である．

　　国土全体の自然の特色や自然条件からみて特色のある地域のくらしの様子の学習を重視していること．
②産業学習において，「わたしたちの生活の食料生産」「わたしたちの生活の工業生産」「わたしたちの生活と情報」という大単元を構成し，それぞれの産業等に関する小単元の学習のなかに各地方の特色を学ぶ地誌的な内容を取り入れて，産業学習と地誌的学習との関連を図っていること．

③47都道府県の名称と位置について，各地方の地域の特色と関連させて理解と習熟を図るようにしていること。

なお，「47都道府県の名称と位置」は第5学年の最初に位置づけることが適切であると考えるが，学習指導要領において実践可能ということを考慮して第4学年の最後に位置づけ，本年間指導計画では第5学年で「47都道府県の名称と位置」は取り上げていない。

次項では地誌的学習を取り入れた国土・産業学習についてその具体的単元構成も含めて詳しく述べていくことにする。

(4) 地誌的学習を取り入れた国土・産業学習
①日本の各地方の学習と関連させた産業学習

日本の代表的な産業とその産業に従事する人たちの工夫や努力を学ぶ産業学習は，人間が生きていくための営みに関する学習で，フリーターやニートの増加を背景としたキャリア教育の必要性の高まりを考えても欠かすことはできない重要な内容であり，伊藤(2004)もその重要性を強調している。産業学習は小学校第5学年社会科の中核的な内容の1つであることはこれからも変わりない。

しかし，国土に関する学習は地理的学習のなかで最も重要な内容の1つであり，その学習内容は，国土全体の様子を理解することと各地域の特色を理解することの両方が必要である。2008(平成20)年の学習指導要領改訂で中学校社会科の地理的分野で日本の諸地域学習が復活したが，地誌的な学習は地理的な意識が発達する小学校高学年段階でこそ必要であり，第5学年の社会科で国土の各地域の特色を学ぶようにしたい。

そこで，第5学年社会科を，産業学習のなかに地誌的学習の視点を取り入れ，産業等の学習と日本の各地方の学習とを関連させ国土・産業学習としてカリキュラム構成したい。

②「米づくりがさかんな庄内平野」の単元構成と展開

先に述べた社会科年間指導計画案の特色の中心は②である。日本の主な産業

等の学習を，日本の各地方の特色ある産業についてのサンプル学習的な学習とし，産業学習の内容を日本の各地方に1つずつ割り振っている[2]。そして，取り上げた産業等を中心にその地方や都道府県の特色についても学習するようにしている。このような地誌的学習を取り入れた国土・産業学習の例として「米づくりのさかんな庄内平野」を取り上げ，単元構成と展開について詳しく述べたい。本単元は大単元「わたしたちの生活と食料生産」の第2小単元に位置づいている。「わたしたちの生活と食料生産」単元構成は以下のとおりである。

```
3 わたしたちのくらしと食料生産
 (1) さまざまな食料生産と日本の農業・水産業（6時間）
 (2) 米づくりがさかんな庄内平野（8時間）
 (3) 水産業がさかんな宇和島市（6時間）
 (4) これからの食料生産（5時間）
```

また，本単元「米づくりのさかんな庄内平野」は以下のとおり8時間計画で構成されている。

```
1 北海道・東北地方はどんなところだろう   5 安全でおいしい米づくりをめざして
2 庄内平野のようすを見てみよう           6 広い田での米づくり
3 庄内平野の土地と米づくり               7 新しい品種を求めて
4 気候に合わせた米づくり                 8 北海道・東北地方の特色をまとめよう
```

本単元では，第1時「北海道・東北地方はどんなところだろう」の学習が地誌的内容である。ここでは，まず，日本の米の生産量の地域的特色について調べ，北海道・東北地方が日本の米づくりの中心であることを理解させ，北海道・東北地方に目を向ける。そして，日本における北海道・東北地方の位置，東北地方の県の名称と位置を地図帳を活用して調べる。さらに，それぞれの県には平野があり大きな川が流れていることや中央に山脈が走っていることなど北海道・東北地方の自然の様子について調べ，その特色を理解するようにする。

第2～7時は，第1時の学習を生かして地形や気候との関連から庄内平野で米づくりがさかんな理由を調べたり，事例農家を取り上げて消費者のニーズに合わせて安全でおいしく求めやすい値段の米を生産する努力や工夫を調べたりして庄内平野の米づくりについて学習する。

第8時「北海道・東北地方の特色をまとめよう」は，北海道・東北地方の特色を農業を中心にまとめる学習で，これも地誌的内容の学習である。第7時で取り上げた米の品種改良が，青森県の「つがるロマン」，秋田県の「あきたこまち」など北海道・東北地方の各道県でも行われていることから，各道県の農業の特色へ学習を広げ，「北海道・東北地方の農業の特色を調べよう」という課題を提示して各道県の農業の特色を調べる。山形県のさくらんぼ，青森県のりんごなど各道県の自然条件を生かした特徴的な農産物があることに気づかせ，各道県の農業の特色と関連づけて都道府県を理解するとともに日本の食糧基地として北海道・東北地方の特色をまとめるようにする。

　本単元構成は，日本の主な産業の様子と各地方の特色を関連づけて学習する地誌的学習の視点を取り入れた国土・産業学習カリキュラムの代表例である。

(5) まとめ

　小学校社会科地理的学習において都道府県の名称と位置などの基礎的事項を習得させることや日本の主な産業や新しい社会について学習することは大切なことであるが，それらの学習内容は日本の国土の様子やさまざまな地域の地理的な特色と関連させて理解したときに本当の意味をもつ生きたものとなる。人はその場所（地域）で生きているのであり，人間の営みをその地域の自然的社会的な特色と結びつけて理解することは人間形成上重要な意味をもっている。そのためには地誌的学習の視点を取り入れることが必要である。産業学習と国土学習を関連づけて単元構成し，日本の主な産業に関する学習のなかで日本の各地方の特色も併せて学習するようにしたい。

　本節では，小学校社会科地理的学習に地誌的学習の視点を取り入れることの重要性を指摘し，その考えに基づいた国土学習のカリキュラムを提起したものである。日本の小学校社会科地理的学習のあり方についてさらに議論が深まることを期待したい。

　中学校社会科における日本の諸地域学習との関連や世界の国々に関する学習についての考察は今後の課題とし，別の機会に述べることとする。

［付記］
　本節は平成20年版学習指導要領をもとに国土学習のあり方に論じているが，平成29年版学習指導要領においても課題として指摘した2点は改善されておらず，第5学年の社会科を国土・産業学習として再構成するという問題意識は変わらない。

【注】
(1) 5年生の学習を国土・産業学習として再構成することは山口（2002），伊藤（2004）が提案している。
(2) 各産業と地方との組み合わせは表6.1.1を参照されたいが，これらは固定的なものではなく産業と事例地の組み合わせは多様に考えられる。

【参考文献】
伊藤裕康「小学校における地理教育カリキュラムの開発に関する一考察―小学校社会科を中心として―」『香川地理学会会報』No.24，pp.39-46，2004.6
山口幸男「日本に関する地理的学習」『社会科地理教育論』古今書院，pp.124-129，2002.10／山口幸男他編「小・中・高地理教育一貫カリキュラムの提案」『地理教育カリキュラムの創造　小・中・高一貫カリキュラム』古今書院，pp.1-24，2008.1

第2節　「国土の地形」に関する学習の改善点・強調点
(1) 国家における国土の意味を

　2011（平成23）年3月11日に発生した東北地方太平洋沖地震は，想像を絶する大津波を発生させるとともに大規模な地盤沈下を引き起こした。これにより山手線の内側の7倍に当たる約443平方キロメートルの土地が水に浸かり，今なお多くの地域の住民が浸水に苦しんでいる。地震・津波によって浸水した土地は，日本の国土面積のほぼ0.1％であり，国土の約1000分の1が浸水したことになる。地球温暖化による水没のため国家消滅が危惧されているツバルの国土面積は26平方キロメートルであるから，日本はツバルの約17倍の国土を失ったともいえる。

　また，津波で壊滅的被害を受けた沿岸部の地域や福島原発から半径20キロ

メートルの地域が立ち入り禁止区域に設定され，計画的避難区域に指定されている地域もある。これも土地に人が住めなくなったということであり，国土を失ったといっても過言ではない。今まで住んでいた土地に突然住めなくなった多くの人々のことを考えると，「そこに土地があること」が人間社会にとっていかに重要であったのかと思わずにはいられない。今回の地震・津波による被害は，人間社会にとっての土地，国家にとっての国土の重要性を改めて認識させるものであった。

　人間社会の存立基盤は土地である。土地があることによって人間は生きていける。国家の存立基盤は国土である。国土があるからこそ国家が存立する。国土の学習は，人間社会にとっての土地の意味，国家にとっての国土の意味を考えることからスタートさせたい。これが国土学習の根幹である。国土の意味を考え，その大切さに気づいた児童は，国土の特色やそこで生きる人々の生活，国土の範囲や領土問題などについて学習する意義を理解し，問題意識をもって国土学習に取り組むことであろう。

(2) 国土学習の充実を

　今回の地震・津波は，人間の知恵と科学を結集した備えをはるかに超えて大きな被害をもたらした。そして日本の国土が地震や火山の多い不安定な大地上に位置していることを，そして人間社会において自然的条件の影響がきわめて大きいことを再認識させた。山口（2008）は，環境基盤論というラッツェルの新しい解釈に基づいて，地理教育において自然的条件からのアプローチを重視することを提唱しているが，今回の地震・津波の被害・影響の大きさも，地理的学習における自然的条件の重要性を示唆しているように思われる。

　小学校5年生社会科の内容は，主に産業学習と国土学習から構成されている。前節で，国土の地理的環境の様子を学ぶ重要性から，「国土学習の充実」と「日本の各地方の学習と関連させた産業学習の導入」が必要であるとしたが，国土の自然環境に関わる学習の重要性を改めて主張したい。「国土の地形や気候の概要」「自然条件からみて特色ある地域の人々の生活」「自然災害の防止」

の学習の拡充を図るともにこれらの学習内容を関連させた単元構成を行うことが望まれる。以下，5年生の国土学習の見直し点・強調点を具体的に述べていく。

(3) 国土の地形のすばらしさを

小学校5年生の「国土の地形」の学習では，国土の主な山地や山脈，川，平野を取り上げ，山がちで大きな平野が少ないという特色をとらえさせるとともに写真や地図帳を活用して河川や海岸線の特徴や火山が多いことなどにも触れるようにする。国土の地形の特色が自然災害と関連していることを考えさせるためにも，指導時間を確保して確実に定着させる。また国土の地形的特色は，災害が多いというマイナス面だけではなく，すばらしい自然と変化のある景観をもたらしているという日本の国土の地形的なよさにも目を向けるようにしたい。これは国土の気候の学習においても同様に重要な視点である。

(4) 自然災害に対する取り組んできた人々の歴史を

「自然条件から見て特色ある地域の人々の生活」の学習においては，現在の人々のくらしの様子の加え，特色ある自然条件によってもたらされた過去の自然災害とそれを克服してきた人々の取り組み・生活についても取り上げたい。地理的な学習のなかに歴史的内容を取り込み，地域の自然環境のなかで人々が努力・工夫を重ねて生活してきたことが現在の地域的特色につながっていることを理解させるようにする。地域の自然環境と人々の生活との関わりや地域の歴史と現在の人々の生活との関わりを学ぶことは，これからの地域を創っていく実践的態度を育むことにつながるであろう。

この学習では，地形条件，気候条件からそれぞれ1つずつ特色ある地域を取り上げて学習するカリキュラムが多いが，それぞれ2つずつ事例地を取り上げ，国土学習の充実を図りたい。以下は事例地とそこで取り上げたい自然災害に関わる学習内容の例である。

〈地形条件〉

○群馬県嬬恋村…浅間山の噴火による被害を克服してきた取り組み
　○岐阜県海津市…水害からくらしを守ってきた輪中の人々の取り組み
〈気候条件〉
　○沖縄県…台風による被害を防いできた家などの工夫
　○新潟県上越市…雪による被害からくらしを守ってきた取り組み

(5)「自然災害の防止」の学習に社会参画の視点を
　「自然災害の防止」の学習では，地震・津波を取り上げ，災害防止に取り組む人々の姿を共感的に学ばせたい。そのうえで，自分たちの住む地域の自然環境の特色について自然災害との関連で調べ，防災のために自分たちでできることを考えるようにする。学習のまとめは，地域で起こりうる自然災害について，その対策を考えて提案する活動を行いたい。防災を考えたまちづくりの提案は，新学習指導要領の重要な視点である社会参画学習の中心的な学習内容の1つになるであろう。全国の学校で，自分の住む地域の自然的特色をふまえた防災対策を考える学習が展開されることを期待したい。

【参考文献】
山口幸男「地理教育の本質と地理学習論の研究課題」『地理教育研究』第1号，2008.3
佐藤浩樹「小学校社会科における地理的学習のあり方と方法」『地理教育研究』第3号，2009.3

第3節　「国土の気候」に関する学習の改善点・強調点
(1) 国土に関する学習の充実の必要性
　日本の国土に関する学習は，小学校の地理的内容で最も重要な内容の1つであり，現在よりも充実させることが必要である。特に国土理解の基礎となる日本の国土全体の特色に関する学習を重視したい。現行学習指導要領に基づく教科書では国土学習の扱いが小さく，例えば東京書籍の教科書では日本の地形と気候で2時間程度しか配当されていない。これでは，日本の国土の地理的環境

の様子を理解させることは難しく，社会科の目標であるわが国の国土に対する理解を達成するのは困難である。単元の配当時数は，教科書によって規定される傾向が強いので，日本の地形や気候の特色など日本の国土全体の様子に関する学習に時間を多く配当し，国土学習の充実を図るべきである。第1節で示した年間指導計画案（表6.1.1）では，日本の地形と気候で6時間を配当し，国土学習を重視したプランとなっている。

(2)「わたしたちの国土と気候」の単元構成

「わたしたちの国土と気候」で取り上げる日本の気候の概要は，四季の変化，国土の南と北や太平洋側と日本海側の気候の違いなど日本の気候の大まかな特色を調べることが学習内容である。この学習は1～2時間程度の扱いであることが多いが，課題について調べ考えたことをもとに自分たちで日本の気候区分図を作っていく活動，気候が日本らしさをつくっている大きな要因であることについて考える活動を取り入れ，3時間扱いの単元を構成した。目標は，「日本の気候について進んで調べ，日本の気候の概要を理解し，気候とくらしの関わりを考えることができる」である。

「わたしたちの国土と気候」の単元計画（3時間）は以下のとおりである。

第1時	1. 気温からみた日本の気候の特色 ○日本で一番暑い都道府県，寒い都道府県はどこか。 ○夏と冬で気温差が大きい都道府県はどこか。
第2時	2. 降水量からみた日本の気候の特色 ○仙台と松江はどちらが雪が多いか。 ○瀬戸内地方は雨が多いか少ないか。 ○降水量の多い都道府県と少ない都道府県はどこか。
第3時	3. 日本の気候の特色を考えよう ○日本の気候区分を考えよう。 ○日本の気候の特色をまとめよう。 ○日本の気候とくらしの関係を考えよう。

(3) 日本の気候の概要の授業プランの概要

①気温からみた日本の気候の特色

■日本で一番い暑い都道府県，寒い都道府県はどこか

　暑いのは沖縄，寒いのは北海道と予想が出るであろう。那覇と札幌の月別平均気温を比べれば差がはっきりする。国土の南北で大きな差があることに加え，冬の気温の差が大きいことが理解できる。桜の開花前線などいろいろな前線を調べる活動も取り入れる。さらに日本の最高気温を記録した都市を調べ，沖縄が一番暑いとは言い切れないことに気づかせる。

■夏と冬で一番気温の差が大きい都道府県はどこか

　これは都道府県庁所在地のデータを調べることになる。気温差が大きいのは長野市や山形市など内陸にある都市である。日本の地形図も活用して，気温は海に面しているか内陸かの違いや土地の高さも関係することに気づかせる。

②降水量からみた日本の気候の特色

■仙台と鳥取ではどちらがたくさん雪が降るか

　降水量についてはこの課題から入りたい。予想したあと，地図帳を活用して追求させる。仙台と鳥取の位置を確かめるための索引の活用，積雪量を表した主題図の読解，冬の降水量の資料読解などさまざまな活用が図れる。仙台のほうが北に位置し冬の気温が低いが，冬の降水量は少ないことに意外性を感じる児童が多いはずである。降雪日数や最深積雪量などの言葉を示し，インターネットなどでさらに追求させ，「降雪日数では仙台市が多い」「最深積雪量では鳥取市が多い」などの事実を引き出したい。この課題では，日本海側で冬の降雪量が多いことをおさえ，冬に日本海側で雪が多く降る理由を，季節風や日本の地形の特色からしっかり理解させるようにする。

■瀬戸内地方は雨が多いか少ないか

　既習の学習を生かして考えることをねらいとする課題である。夏と冬の季節風と中国・四国地方の地形の特色から瀬戸内地方の降水量を考え，図を使って説明させるようにする。

■日本で一番雨が多い都道府県，少ない都道府県はどこか

年間降水量の都市別データを調べ，高知市や宮崎市など太平洋側の地域で降水量が多く，長野市などの内陸や北海道で少ないことを理解させる。自分の住む地域の降水量とも比較させたい。

　③日本の気候の特色を考えよう

■日本の気候区分図をつくろう

　これらの学習での学びを生かして班で協力して日本の気候区分図を作成する。まず，年平均気温（冬の気温），夏と冬の気温差，年間降水量，降雪日数（最深積雪）について，都道府県庁所在地のデータを使い，班のなかで分担して都道府県別の地図を作成する。階級区分は4段階程度が適当である。次に完成した地図を重ね合わせ，都道府県をいくつかのグループに分ける。区分したグループの気候の特色をまとめたり，気候区に名前をつけたりする活動も行いたい。自分たちが作成した図が教科書や資料集の気候区分図とほぼ似ていることが確かめられれば，成就感を味わえる学習になるだろう。

(4) 日本の気候の概要から日本らしさの学習へ

　日本の気候の概要の学習は，その理解だけにとどまらず，日本の衣食住や年中行事・祭り，伝統産業などと気候との関連を調べ，気候が日本の生活・文化や産業に影響を与え，日本らしさをつくっていることに気づかせたい。全国各地に気候に合わせた行事や遊びがあること，同じ行事でも場所によって時期にズレがあることなどに気づき，次単元の学習への関心・意欲も高まるであろう。

　日本は四季が明瞭であることに気づかせるのも大切である。平成20年版学習指導要領で世界の「主要な国々の名称と位置」を学習することになった。それらの国々には四季の変化があるのか比較すると日本らしさをより実感できる。また，日本の気候の特色と自然災害の多さとの関連にも気づかせ，気候の特色ある地域の人々のくらしの学習につなげていくようにしたい。

　第5学年の社会科は産業学習と国土学習とから構成されるが，国土学習の比重が低いことが課題である。日本の特色を学ぶ学習はとても重要であり，日本の地形と気候の学習は，それぞれ数時間かけてじっくり取り組みたい。

本単元の学習を通して、日本の気候の特色を国土の広がりや地形と関連づけて考え、理解するとともに、気候がくらしと関わってることに気づくことができる。このように、十分に時間をとって日本の国土全体の自然の特色やくらしとの関わりについて考えることが、国土に対する深い理解と愛情につながっていくと考える。

[付記]
　本節で提案した授業プランは中学校社会科地理的分野の内容と重なる部分もあるが、小学校段階でこのような学習内容を取り上げたいと考えている。

第4節　国土の自然環境と防災に関する学習のあり方
(1) はじめに

　2016（平成28）年8月に発表された次期学習指導要領に向けた審議のまとめにおいて、小学校・中学校・高等学校のいずれの学校段階でも防災に関わる内容の充実が示された。小学校5年生では、「国土の自然などの様子」と「自然災害の防止」の単元を関連させ国土や防災に関する内容を充実させるとされている。防災が重要な社会的課題であることは十分に理解できるが、社会科の時間は限られており、ほかの内容とのバランスを考えたときに、防災の内容をこれ以上増やすことには少々懐疑的である。

　防災に関わる内容は平成20、21年版学習指導要領でも重視されているが、国土の自然環境と防災の内容は、小・中・高校とも国土の自然環境の特色と事例地学習とで構成されており、小・中・高の系統性という点では課題があることも指摘される。小学校において国土の自然の様子の学習を防災と関連させて充実させるには、中学校・高等学校の学習内容と重なることなくカリキュラムの系統性を図ることが大事であろう。

(2) 国土の自然環境の特色の理解を充実させる

　国土の自然などの様子について，小学校段階で最も大事なのは，国土の自然環境の大まかな特色を理解することである。見方・考え方や技能などではない。また，自然災害の防止の取り組みについて学ぶために国土の自然環境を学ぶのでもない。あくまで国土の自然環境の特色の理解が中心であり，基盤的内容である。

　国土の自然環境の特色の理解を充実させるうえで参考になるのが，平成21年版高等学校地理A学習指導要領の内容イ「自然環境と防災」である。この内容に関する実践をみると，新旧地形図やハザードマップを活用した地理的技能に重点がおかれている実践が多い。新学習指導要領で新設された「地理総合」ではGISの活用が重視されるように，今後，地理的技能により比重をかけたものなることが推測される。一方，自然環境の特色と自然災害の関わりの理解に重点をおいた実践はほとんどみられない。学習指導要領解説では「我が国の自然環境の特色については，変化に富んだ地形や気候が美しい景観や水資源，生活・生産の基盤となる土地を形成したといった人間の生活に有益な側面がある一方で，そのような特色は自然災害と表裏一体であることを理解させる必要がある」とされている。

　この内容は高等学校ではなく小学校社会科においてこそ取り上げるべきであろう。小学校5年生は，地域・国土を肯定的にとらえる時期である。国土の自然環境の特色が日本のすばらしさであり，自然環境がさまざまな恩恵を与えてくれることや生活文化などの日本らしさをつくり出していることを理解させたい。そのうえで，自然環境の特色と自然災害との関わりを考えるようにしていきたい。今まで取り上げられてきた山がちで火山が多く，河川が急流で大きな平野が少ないという地形の特色，四季があり，南北や太平洋側と日本海側とで気候が異なるという特色はもちろん取り上げる。それに加えて，変化に富んだ地形・気候が季節ごとにさまざまな地域で美しい風景をつくり，田植えや稲刈り，節句や祭りなどの年中行事が風物詩として行われることなど自然と生活文化との関わりについても学習するようにする。この学習のまとめにはには，

「日本の自然環境のすばらしさを外国の子どもたちに紹介するレポートを作成しよう」という社会参画的な視点を取り入れた学習活動が有効であろう。

（3）国土の自然環境の特色と自然災害との関係を理解する

　国土の自然環境の特色の学習のあとに、「日本の地形や気候の特色は自然災害とどのように関わっているのだろうか」という課題で国土の自然環境と災害との関連について理解させるようにする。「山がちな地形で平野に人口が集中し、河川が短く急流であり、台風などによる大雨が多いため洪水や土砂崩れが起こりやすいこと」「冬の季節風の影響で大雪による災害が起こること」「環太平洋火山帯に属しているため地震が多発し、リアス式海岸では津波の被害を受けやすいこと」「火山が多く、噴火による災害が起こること」は必ず取り上げたい。このような内容の学習は平板になりがちであるという意見があるが、小学生には、日本の国土の居住面積を広げるために、埋め立て地を拡大すべきかというようなテーマで討論するよりも、国土の自然環境との特色と災害との関連について理解することのほうが大事である。

　授業には外国との比較を取り入れたい。例えば、日本と同じ島国であるイギリスとの比較である。「イギリスは日本の3分の2の国土面積であるが、国土の大部分が平原や丘陵地であり、約90％が可住地でその面積は日本の約2倍であること」「国土の森林率は日本が約70％であるのに対し、イギリスは10％を超える程度であること」「ロンドンと東京とでは、降雨日数はロンドンの方が多いが弱い雨が多く、梅雨や台風などの集中豪雨もないため、降水量は東京の約3分の1であること」などを取り上げ、日本は自然環境の特色からイギリスと比べて自然災害が多いことに気づかせる。イギリスでは古い建物の外観を残しながら内側を改修している建物が多いが、古いものを大切にする国民性に加え、地震が少ないことも大きな要因であることにも触れたい。このように外国と比較することにより、日本の自然環境の特色や災害との関連の理解が深まるであろう。

(4) 自然条件からみて特色ある地域の人々の生活の学習を再構成する

　自然条件からみて特色ある地域の人々の生活の学習については，地形や気候の特色ある地域の生活の学習において防災に関わる内容を充実させるとともに，自然災害からの復興に取り組んだ地域も事例地として加え，国土の自然環境と自然災害の防止に関わる事例地学習を1つの単元として構成することを提案したい。具体的には，例えば以下のような内容構成とする。

〈地形条件〉
　○群馬県嬬恋村…浅間山の噴火による被害を克服してきた取り組み
　○岐阜県海津市…水害からくらしを守ってきた輪中の人々の取り組み
〈気候条件〉
　○沖縄県…台風による被害を防いできた家などの工夫
　○新潟県上越市…雪による被害からくらしを守ってきた取り組み
〈自然災害からの復興〉
　○長崎県島原半島…雲仙普賢岳の噴火による被害からの復興の取り組み

　筆者は，小学校5年生では国土学習の充実が必要であり，できればこれらの事例地学習をすべて行いたいと考えている。しかし，授業時数的に難しければ①と②，③と④は選択学習とすることが現実的かもしれない。

　ここで事例地として取り上げた島原半島は，日本で初めて世界ジオパークに指定された地域の1つである。ガイドブックなども多く出されており，教材開発の参考となる。授業では，雲仙普賢岳の噴火や被害の様子を調べるともに，救助や復興に向けた市，県，国，ボランティアなどの取り組みを理解するようにする。そして，第2節で述べた国土の自然環境が人間生活に有益なものをもたらしたことは，事例地の学習でも触れるようする。島原半島世界ジオパークのガイドブックには，雲仙火山からの贈りものとして，①美しい景色，②温泉，③地下水・湧水，④野菜づくりに適した土，⑤地熱エネルギーの5つがあげられている。雲仙普賢岳の噴火による災害と復興の取り組みとともに自然がもたらす恵みを合わせて取り上げることが必要であると考える。

(5) 自分の住む地域の自然災害について考える

　高等学校地理Aの内容のなかで，小学校段階で取り上げたいもう1つのことに「地域性を踏まえた対応」(対応を優先すべき災害が地域によって異なること，同じような災害に対しても地域によって対策が異なること)がある。

　国土の自然環境の特色や自然災害との関連を理解し，自然条件の特色ある地域や災害から復興した地域の生活を学んだあと，まとめとして自分が住む地域の自然環境の特色と起こる可能性がある災害について考え，どんな備えが必要かを出し合うようにする(防火を考えたまちづくり学習)。自然堤防や後背湿地などの微地形等ではなく，大まかな地域的特色であれば小学生でも考えることは可能であり，切実感から防災への関心も高まると思われる。

第7章

世界地誌学習の新構想

第1節 小学校における世界地誌学習のあり方とカリキュラム

(1) はじめに

平成20年版小学校社会科学習指導要領では，地理的内容が重視され，世界に関する学習においては，世界の主な大陸と海洋，主な国の名称と位置が第5学年の内容として新設された。これにより，小学校社会科における世界に関する学習は，第3，4学年で外国とのかかわりに触れたあと，第5学年の導入で世界の主な大陸，海洋，国について学び，それを基盤的知識として第5，6学年の学習に生かし，第6学年の最後に日本と関係の深い国について児童が1か国を選択して生活の様子を中心に調べるというカリキュラムとなった。しかし，第5学年と第6学年の学習の関連や2008（平成20）年の改訂で大きく変わった中学校の世界の諸学習との関連などカリキュラム上の課題は少なくない。

そこで本節では，小学校社会科における世界地誌に関する学習について学習指導要領の変遷や諸氏の主張を整理・検討したうえで世界地誌的学習のカリキュラム案を示すとともに，地理を基盤とした小学校社会科カリキュラムについて検討する。

(2) 小学校社会科における世界地誌的学習の変遷

昭和22年版学習指導要領では小学校第3～6学年で世界に関わる内容が取り上げられていたが，昭和23年版学習指導要領補説で同心円的拡大カリキュラムが取り入れられて以降，平成20年版学習指導要領に至るまで小学校第6学年で世界地誌的学習が行われている[1]。

世界地誌的学習は，系統学習が明確に示された昭和33年版学習指導要領では35～40時間かけて「世界の主要な国々」の学習が，昭和43年版学習指導

表 7.1.1 学習指導要領に示された世界に関する内容の変遷

学習指導要領	学年	主な学習内容	時数
昭和33年版	6年	(9) 世界の人口　世界の州　世界の国々とのつながりや国々の位置 (10) **世界の国々の理解** アジア（朝鮮，中国，インド，東南アジアの国），西ヨーロッパ（イギリス，ソ連，アフリカ，南アメリカ，オーストラリア，アメリカ合衆国）	35～40時間程度
昭和43年版	6年	(3) ア．世界の自然環境の概要　わが国と関係の深い国々の位置（5時間） (3) イ．**いろいろな自然条件のもとで特色ある生活を営んでいる人々の様子** 　　（熱帯地方，極地や寒冷な地方，乾燥した草原や砂漠，四季の反対な南半球） 　　（20時間）	25時間程度
昭和52年版	(6年)	世界地誌的内容が削除 　　（貿易による世界の国々とのつながり　地球儀を使った主な国の位置の確認）	
平成元年版	3年	地域の消費生活・生産活動と外国とのかかわり ＊発達段階を考慮し，外国の様子にまで深入りすることは適切でない。	2時間程度
	4年	県内の人々の生活と外国とのかかわり	
	6年	(3) ア．経済や文化などの面で日本と関係の深い国々の人々の生活の様子 　　（わが国とかかわりのある仕事をしている人々の生活（衣食住）の様子の特色） ＊数か国を取り上げる。三か国程度取り上げて指導する。特定の地域に偏らない。	10時間程度
平成10年版	3,4年	(2) イ．地域の販売活動・生産活動と外国とのかかわり 　＊世界の中でかかわりのある国や地域については，それらの名称と位置を世界地図などで確認するにとどめるようにする。細かな地名に深入りしたり，外国の様子を扱ったりするなど，高度な学習になら内容に留意する必要がある。 (6) エ．県内の人々の生活や産業と外国とのかかわり	2時間程度
	6年	(3) ア．**経済や文化などの面で日本と関係の深い国々の人々の生活の様子** 　　（衣服，料理，食事の習慣，住居などの衣食住の特色，国民に親しまれている行事，学校生活や子供の遊び　あいさつの仕方やマナー等の習慣） ＊地形や気候，産業，人口などの概要を調べることが趣旨ではない ＊教師が数か国（三か国程度）取り上げ，児童が一か国選択して調べる。	7時間程度
平成20年版	3,4年	(2) イ．地域の販売活動・生産活動と外国とのかかわり 　＊外国の様子にまで深入りしないという記述が削除。 (6) エ．県内の人々の生活や産業と外国とのかかわり	2時間程度
	5年	(1) ア．世界の主な大陸と海洋，主な国の名称と位置	2時間程度

6年	(3) ア．経済や文化などの面で日本と関係の深い国々の人々の生活の様子 （具体例については平成10年度版と同じ） ＊地形や気候，産業，人口などの概要を調べることが趣旨ではないという記述が削除 ＊教師が数か国（三か国程度）取り上げ，児童が一か国選択して調べる。	7時間程度

＊時数は，昭和33年版は文部省『小学校社会指導書』(1960)，昭和43年版は文部省『小学校指導書 社会編』(1969) による。平成元年版以降の時数は教科書会社発行の教師用指導書等を参考に作成。
＊貿易，国際社会に関する学習は除いてある。
＊ゴシック体で示した内容が世界地誌的学習である。

　要領では約25時間の扱いで「気候条件のもとで特色ある世界の地域」の学習が行われてきた。昭和52年版学習指導要領では，①学習に「ゆとり」をもたせるという一般方針により第5，6学年の週当たりの社会科授業時数が従前の4時間から3時間に削減されたこと，②第6学年で「世界の諸地域」よりも「日本の歴史」のほうが重視されたことを理由に，世界地誌に関する内容が削除された（朝倉1988）[2]。それにより，世界に関する内容は貿易による世界の国々とのつながり，地球儀を使った主な国の位置の確認だけとなった。

　平成元年版学習指導要領では，国際化の進展に対応するために国際理解が重視され，第3・4学年の地域学習のなかに外国とかかわりの内容が取り入れられるとともに，第6学年に「日本と関係の深い国々」として世界地誌的内容が復活した。この学習は，経済や文化の面で日本と関係の深い国を3か国程度取り上げて人々の生活の様子を調べる学習であり，アメリカ合衆国，中国，オーストラリア，サウジアラビアなどの国々が取り上げられた。

　しかし，平成10年版学習指導要領では，社会科の時数削減による内容の精選の観点から，教師が数か国取り上げ，児童が1か国選択して調べることとなって世界地誌の内容が縮小し，平成20年版学習指導要領でも第5学年の内容に「世界の主な大陸と海洋，主な国の名称と位置」が新設されたものの世界地誌的内容については大きな変化はなかった（表7.1.1）。

　世界地誌的学習の内容は，時代・社会の情勢，社会科の時数，他分野（歴史，公民）の内容との重要度などによって決定されてきたことがわかるが，内容・

時数からみると，世界地誌的内容を重視している程度は，①昭和33年版→②昭和44年版→③平成元年版→④平成20年版→⑤平成10年版→⑥昭和52年版の順である。第4，5，6学年の週当たりの社会科授業の時数が4時間であった昭和33，43年版と単純な比較はできないが，平成元年版学習指導要領の内容は限られた時数のなかでは世界地誌的内容を重視しているカリキュラムであったといえる。

(3) 小学校社会科における世界地誌的学習についての諸氏の主張

小学校社会科の世界地誌的学習は，同心円的拡大主義のカリキュラム原理に基づいて，内容が削除された昭和52年の学習指導要領を除いてすべて第6学年で行われており，平成20年版学習指導要領にも引き継がれている。しかし，世界地誌的内容については，導入時期，取り上げる国（地域），学習する内容等の観点からさまざまな主張がなされており，カリキュラム上の課題になっている。代表的なものは，中学年から世界地誌学習を導入すべきという主張（岩本1986，2008，梶井1997）と小学校5年または6年でアジアを取り上げるべきであるという主張（山口2002，2008，西木・山口他2008）である。

①中学年から世界地誌を導入すべきであるという主張

岩本（2008）は，外国に関する子どもの興味・関心や地図学習能力などが高まること，自分は日本人であるという帰属意識の形成が中学年から進むことなどを理由に，小学校中学年から世界地誌学習を導入すべきであると主張している[3]。内容については，上水道の学習を発展させて水の乏しい砂漠地域に目を向ける学習を紹介しているように，自然環境を重視し，人々の生活を中心という取り上げ，世界地誌への興味・関心の喚起などをねらいとしている。梶井（1997）は，中学年の地域学習で外国との関わりを学習する際に，関わりのある国の人々の生活も様子まで取り上げ，物の交流を異文化・生活の理解へ深めるべきであると主張し，バナナを例に，輸入先である台湾やフィリピンのバナナ園や園で働く人々の様子まで調べる必要があると述べている[4]。中学年から外国について取り上げるべきであるという主張や実践は多くあり[5]，世界

への興味・関心を高めるという意味で中学年から世界地誌的内容を取り上げる意義は十分認められる。しかし，社会科カリキュラム全体のなかの世界地誌的学習の位置づけが不明確である点が課題である。また，学習指導要領の標準授業時数のなかで行うことができるかどうという課題もある[6]。

②小学校5年または6年でアジアを取り上げるべきであるという主張

山口（2002, 2008）は，児童・生徒の地域イメージ形成の発達段階（4段階3形態モデル）や地域イメージ形成おける居住地（居住国）の重要性等をもとに，5年のおわりに日本の学習のまとめと世界の学習の導入としてアジアの学習「アジアの中の日本」という単元を設定することが望ましいとしている[7]。山口・西木他（2008）は，小・中・高地理教育一貫カリキュラムの観点から，小学校6年のおわりに「近隣諸国」の学習を設定し（17.5時間予定），朝鮮半島，中国，東南アジアを取り上げる提案をしている[8]。佐藤（2008）も一貫カリキュラムの提案を受けて，小学校6年で韓国，中国，東南アジアを取り上げることを提案している[9]。これらの主張は同心円的拡大主義のカリキュラム原理に基づきながら，児童・生徒の地理意識の発達などを考慮した改善の提案であり，世界地誌に関する学習をアジア（特に東アジア）からスタートさせるのがよいのではないかと考えられる。また，世界地誌に関する学習は昭和26年版学習指導要領以降第6学年で行われてきているが，第6学年の学習内容は過密であり，新設された世界の主な大陸と海洋，主な国の名称や位置の学習との関連や国土・産業学習とのつながりなどから考えると，同心円的拡大主義によるにしても，第6学年で行わなくてもよいのではないかと考える。

(4) 小学校社会科における世界に関する学習のカリキュラムの提案

小学校における世界の学習では，外国の生活・文化を取り上げるのが適切であることはほぼ共通理解がなされている[10]。しかし，中学校の世界に関する学習が平成20年版の学習指導要領改訂で2～3の国を取り上げて調べる学習から世界の諸地域学習に変わったこともふまえると，日本と関係の深い国々を調べる学習においては，人々の生活の様子を中心としながらも，自然環境や人

口，産業の概要なども調べる対象としてもよいのではないかと考える。また，アジアを重視すべきであるという指摘を受けてアジアの一員としての自覚が重要となる。そこで，小学校における世界に関する学習では，①世界への興味・関心の喚起，②生活・文化の違いの理解，③互いの生活・文化を尊重する態度の醸成，④自然環境の違いの理解，⑤国際社会の一員・アジアの一員としての自覚の５点をねらいとしたい。この考えに基づいて以下の提案を行う。

　①世界に触れる学習を中学年に

　平成元年版学習指導要領で中学年において外国との関わりを取り上げることになったが，平成20年版学習指導要領でも依然として関わりを調べることにとどまっている。しかし，中学年で世界に触れ，世界への興味・関心を高める必要があると思われる。そこで，県内の人々の生活や産業と関わりのある国の自然や人々の生活についても触れるようにしたい。児童の興味・関心の喚起という観点から日本と自然環境が異なる国（地域）を取り上げたい。この学習は，世界への関心を高めることをねらいとした世界への導入学習であり，2時間程度の時数とする[11]。世界に関する本格的な学習は，児童の地理的意識の発達傾向や社会科カリキュラムの全体構成から考えると，高学年からスタートさせることが望ましいと考える。

　②世界に関する学習を第５学年に

　平成20年版学習指導要領では，第４学年の終わりに都道府県の学習のなかで47都道府県の名称と位置を学習し，第５，６学年の学習を通して身につける一方，第５学年の始めに世界の主な大陸と海洋，主な国の名称と位置を学習し，第５，６学年の学習で活用することになっている。これでは都道府県についての知識の習得・活用と世界についての知識の活用がほぼ同時に始まることになるとともに，第５学年と第６学年の世界に関する学習の期間が大きく空いてしまうという問題がある。日本や都道府県についての学習と世界についての学習は時期的に重ならないほうが望ましく，また世界に関する学習はまとめて単元を構成したほうがよいと考える。そこで，第４学年の３学期および，第５学年の１，２学期に設定する国土・産業学習のなかで47都道府県の名称と位置をそ

の特色と関連づけて集中的に習熟を図るようにし（第5章，第6章参照），第5学年の後半（3学期）に世界に関する学習の単元を新設することを提案したい。このことにより，同心円拡大主義の考えに基づきながら世界に関する学習（特にアジアに関する学習）の充実を図ることができる。

③新単元「世界の国々と人々のくらし」

第5学年に新設する単元「世界の国々と人々のくらし」の内容は，平成20年版学習指導要領の「世界の主な大陸と海洋，主な国の名称と位置」（第5学年）と「日本と関係の深い国々」（第6学年）をもとに，世界の自然環境の概要，貿易によるつながり（工業単元から移行）の内容を加えるとともに，「日本と関係の深い国々」の内容をアジアを中心にして3～4か国程度の国を取り上げて充実させるようにする。すなわち，①世界の主な州・大陸と海洋，主な国の名称と位置，②世界の自然環境の概要，③貿易による外国とのつながり，④アジアの概要と国々，⑤東アジアの国々の自然と人々の生活の様子，⑥アジアの国々（中国，韓国以外）の自然と人々の生活の様子，⑦日本と関係の深い国々（アジア以外）の自然と人々の生活の7つの内容から単元を構成するものとしたい（表7.1.2）。

(5) 地理を基盤とした小学校社会科カリキュラム試案

①世界に関する新単元の実現に向けて

ここで提案した世界に関する新単元を実現するためには，小学校社会科全体のカリキュラムの見直しや総授業時数の各教科等への配分の見直しなどが必要である。以下，実現のための方策を具体的に述べたい。

■社会科の標準授業時数増を

まず考えられるのは社会科の授業時数増である。社会科がカリキュラム的に苦境に立たされているのは，社会科の授業時数の減少が原因といっても過言ではなく，時数が増えれば解決する課題は大きい。2008（平成20）年の学習指導要領改訂で小学校社会科は20時間増加したのに対し，小学校理科は55時間増加し，合計時数の差も5時間から40時間に広がった。ぜひ理科並みの授業時

表 7.1.2 第5学年における世界に関する新単元（「世界の国々と人々のくらし」）計画案（27時間計画）

小単元名	主な学習内容	時数
1 世界の国々と自然のようす	世界の主な州・大陸と海洋，主な国の名称と位置　世界の自然環境の概要	4時間
2 貿易による外国とのつながり	日本の貿易の特色　日本の貿易相手国　貿易問題	5時間
3 アジアの中の日本		12時間
(1) アジアの国々	アジアの範囲，区分，国々，自然環境の特色	(2時間)
(2) 東アジアの国の人々のくらし	中国の人々のくらし　韓国の人々のくらし，まとめ	(7時間)
(3) アジアの国の人々のくらし	アジアの人々のくらし（児童が1か国選択）	(3時間)
4 日本と関係の深い国々	アジア以外の国々の人々のくらし（児童が1か国選択）	5時間
5 まとめ	学習のまとめ	1時間

＊中国の人々のくらし，韓国の人々のくらしは各3時間ずつ全員が学習する。

表 7.1.3 小学校社会科の標準授業時数の推移

	3年	4年	5年	6年	計
H元	105	105	105	105	420
H10	70	85	90	100	345
H20	70	90	100	105	365
H20－H10	±0	＋5	＋10	＋5	＋20

表 7.1.4 小学校理科の標準授業時数の推移

	3年	4年	5年	6年	計
H元	105	105	105	105	420
H10	70	90	95	95	350
H20	90	105	105	105	405
H20－H10	＋20	＋15	＋10	＋10	＋55

数を確保したい。「生きる力」を育むための中心教科として社会科の重要性をアピールし，社会科の時数増を実現させるために，社会科教育界の力を結集した取り組みを求めたい[12]。

■地理的内容の充実を

　今，高校地理教育の危機が叫ばれているが，小学校社会科の地理的内容も決して十分といえるものではなく，特に，世界に関する学習の内容は薄いものになっている。現状の標準授業時数のなかで地理的内容を充実させ，提案した世

界に関する新単元を実現するには，ほかの内容を削減しなければならない。筆者は「地域の発展に尽くした先人の働き」の内容の削除を提案したことがあるが（佐藤2008）[13]，さらに，災害と事故の防止の内容を選択にするなど大胆な改善案が求められる。小学校段階での地理的内容の充実は，中学校での地理的分野の充実，高等学校での地理の拡充・必修化につながるものであり，地理教育界の力を結集し，小・中・高の地理教育の充実を図る取り組みを進めたい。

②地理を基盤とした小学校社会科のカリキュラム試案

表7.1.5は，地理を基盤とした小学校のカリキュラム試案である。本節では各単元の詳しい内容には触れないが，第4学年では，1学期に公民的内容を集中的に学習し，2学期には都道府県についての学習を拡充して行い，関わりのある国の自然や生活の様子にも触れるようにする。3学期は平成20年版学習指導要領では第5学年で行う国土学習を移行し，内容的にも充実を図る。第5学年では，1，2学期に産業学習等を行い，3学期に世界に関する単元「世界の国々と人々のくらし」を新設して世界に関する学習を充実させる。そして，第6学年では，日本の歴史の学習の時数を増加させて歴史学習の充実を図るとともに政治単元の時数も増やして政治学習の充実を図るようにする。歴史，公民

表7.1.5　地理を基盤とした小学校社会科のカリキュラム試案

	1学期	2学期	3学期
3年 70	**身近な地域や市の様子**	地域の販売（商店）地域の生産（農家と工場）	地域の人々の生活の変化や願い
4年 90	飲料水等の確保・廃棄物の処理，災害や事故の防止	**都道府県の様子 外国とのかかわり**	**日本の国土と人々のくらし**
5年 100	食料生産，環境	工業生産，情報	**世界の国々と人々のくらし**
6年 105	日本の歴史	日本の歴史	政治の働きと国際社会

＊ゴシック太字は地誌的内容。ゴシック体は地理に関連する内容。
＊平成20年版学習指導要領の内容から「地域に尽くした先人の働き」を削除。
＊①3年の地域の生産（農家と工場）を選択にする。②4年1学期の公民的学習の内容を精選する（警察と消防を選択にする）。

分野の内容とのバランスが大きな課題となるが，本カリキュラムは地理的内容を重視しながら全体としてまとまりのあるカリキュラムとなっていると考える。小・中一貫のカリキュラムを考えるときに，小学校第6年学で「日本の歴史」を学習したあと，すぐに中学校でも学習するということが最も大きな課題であると考える。小学校第6学年で行われている「日本の歴史」の学習を縮減することで，単元「世界の国々と人々のくらし」を第6学年に位置づけるということも考えられる。

(6) おわりに

　本節では，小学校社会科における世界地誌的学習の扱いについて，学習指導要領の変遷や諸氏の主張を整理したうえで，世界地誌的学習の充実のために，小学校中学年に世界の人々の生活に触れる学習を設定すること，小学校5年生後半（3学期）に世界地誌を中心とした「世界の国々と人々のくらし」という大単元を新設すること，取り上げる国はアジアの国々を中心とすること，その実現のためには社会科全体のカリキュラムの見直しが必要であることを提案した。本提案をきっかけとして小学校社会科の地理的学習，特に世界地誌的学習の充実に向けた動きが広がることを期待している。中学校社会科地理的分野の学習との一貫性・関連性については検討が不十分であり，今後の課題とする。

［付記］

　平成29年版学習指導要領では，「国際交流」が日本とつながりの深い国の人々の生活に関する内容に移行し，世界地誌的学習としての性格が弱くなっている。この点は大きな課題であることを指摘しておきたい（第10章参照）。

【注および参考文献】
(1) 山口幸男「初期社会科における世界的内容の取り扱い」『群馬大学教育学部紀要　人文・社会科学編』第39巻，pp.313-330，1989.3
(2) 朝倉隆太郎「地理教育の現状と課題」井上征造他編『探究　学校の地理』古今書院，pp.6-10，1988.11

(3) 岩本廣美「世界地誌の導入時期に関する一考察」山口幸男・西木敏夫他編『地理教育カリキュラムの創造』古今書院, pp.205-219, 2008.1／岩本廣美「小学校社会科における世界地誌学習に関する予察的研究」『新地理』第34巻第1号, pp.41-49, 1986.6
岩本廣美『フィールドで伸びる子どもたち』日本書籍, pp.123-136, 1989.10
(4) 梶井貢「『外国とのかかわり』を調べる指導のポイント」北俊夫編『外国とのかかわりを調べる授業』国土社, pp.8-12, 1997.3
(5) 古い主張については，岩本（1986）前掲書に詳しい。朝倉は小学校社会科52年改訂で世界の諸地域の学習が廃止されるに当たって，第2学年の「ゆうびんやさん」の学習で外国郵便を取り上げること，第4学年の「自然環境からみて特色のある地域」で山国のスイス，低地のオランダなど外国の例も取り上げることが望ましいとした述べている（朝倉1988：前掲書）。大津は，国際理解教育の観点から文化理解的アプローチのレベル1（文化的差異と類似に気づく）と関係発見アプローチ1（グローバルなつながりを発見する），低・中学年から可能と指摘している（大津和子『グローバルな総合学習の教材開発』明治図書, p.21, 1997.2）。
(6) 筆者も小学校3年で世界に関する学習の実践を発表したことがあるが，社会科のなかで行うことは時数的に難しく，社会科の学習を発展させ，総合的な学習において実践した（佐藤浩樹「地域の商店から国際理解へ—服の向こうにアジアが見える—」『社会科に総合的学習プラスの授業どう立ち上げるか』社会科教育別冊, 明治図書, pp.52-61, 2000.1）。
(7) 山口幸男「地理教育カリキュラムの原理」山口幸男・西木敏夫他編『地理教育カリキュラムの創造』古今書院, pp.37-43, 2008.1
山口幸男『社会科地理教育論』古今書院, pp.124-129, 2002.10
(8) 山口幸男・西木敏夫他「小・中・高地理教育一貫カリキュラムの提案」山口幸男・西木敏夫他編：前掲書, pp.1-24
(9) 佐藤浩樹「小学校地理教育カリキュラムの課題と改善②」山口幸男・西木敏夫他編：前掲書, pp.139-146
(10) 永田は小・中・高の発達段階に応じた世界地誌学習の内容として，小学校は生活・文化をテーマとする内容がよいと述べている（永田成文「発達段階に応じた文献調査による世界地誌学習」『地理教育研究』No.6, pp.8-14, 2010.3）。
(11) 小学校段階における世界地誌的学習の充実を考えればより多くの時数を充てることが理想であるが，ほかの学習内容とのバランスを考えて2時間程度とした。
(12) 平成29年版学習指導要領も社会科の時数は平成20年版学習指導要領と同じ時数であることから，カリキュラム作成には現実的な対応が必要となる。社会科の時数増について今後も社会科教育界全体で取り組みたい。
(13) この単元では用水路の開削，開拓を取り上げることが多いが，江戸時代に開削された用水路を取り上げることが多く，時代が古すぎ小学校3，4年生には興味・関心をもたせにくいことを指摘している（佐藤浩樹2008：前掲書, p130）。

第2節　シミュレーション旅行を取り入れた世界地誌学習の実践

(1) シミュレーション旅行法とは

　シミュレーション旅行法とは，ある地域を架空旅行することを通してその地域について学習する方法のことである。旅行を通して地域を学習する発想は，遠く明治時代に遡り，明治30年代に流行した小学校の旅行体地誌の教科書にその源流は求められる。この教科書は，日本各地を旅行して見聞するような文体で地域の特色が綴られており，それに合わせて郷土唱歌，鉄道唱歌なども作成された。地名・物産の無味乾燥な従来の教科書に対して，児童の興味・関心を喚起すべく工夫されたものである[1]。シミュレーション旅行法のような旅行を通した学習は，地域全体の特色を体系的・秩序的に把握することには不向きであるが，地域に主体的に関わり，自分との関係で理解していく点で大変有効であり，興味・関心の喚起につながる。この点が，近年シミュレーション旅行法が注目される背景であろうと考えられる[2]。

(2) シミュレーション旅行法の種類

　シミュレーション旅行法は，基本的には，旅行する地域とテーマを決め，資料を集めて旅行計画を作成し，最後に紀行文にまとめるという流れで行われるが，架空旅行の計画作成を重視する「シミュレーション旅行計画」と架空旅行の道中での見聞を重視する「シミュレーション紀行」に粗く分類できる。もちろんこれは相対的なものであり両者を兼ね備えた優れた実践も少なくない[3]。

①シミュレーション旅行計画

　シミュレーション旅行計画では，授業のねらい・内容に沿って旅行する地域とテーマを考え，資料を収集して旅行計画を作成することが学習の中心になる。

　旅行計画の厳密さは授業のねらいや実施学年によって変わってくるが，小学校段階ではあまり厳密な計画ではなく旅行コースを考える程度とし，中学校・高等学校では時刻表や旅行ガイドなども活用して時間や費用も考えた実際に実施できる旅行計画を作成するのがよいと思われる。

　小学校第3学年の市全体の様子の学習では，市の特色がよくわかる見学コー

スを考える活動が考えられる（第3章第3節参照）。小学校第4学年の都道府県の様子の学習では，県の地形，産業，都市，交通の特色を調べたあとに，学んだことを活用して県外からの旅行者に都道府県の特色やよさを感じてもらえる旅行の計画を立てる活動が考えられる。その際，旅行者のプロフィール（性別，年齢，趣味や関心，訪れる時期・人数など）を班の数だけ設定し，班ごとに旅行者のプロフィールに合わせた旅行計画を立てるようにするとよりよいと思われる。小学校第5学年の国土学習では，外国からの留学生に1泊2日で日本らしさを体験する計画を立てる活動や[4]，地図帳を活用して東北三大祭りを巡る旅行コースを考える活動などもおもしろいと思われる[5]。

第6学年の世界地誌的学習においては，旅行テーマは子どもの関心と学習内容とを結びつけるようにしたい。例えば，日本とつながりの深い国としてアメリカ合衆国を取り上げたときには，スポーツ，遊び，食べ物など小学生の関心に合わせた題材で「スター選手に会いに行こう」「テーマパークへ遊びに行こう」「ファーストフードを食べに行こう」などのテーマを設定してみるといいだろう。

②シミュレーション紀行

シミュレーション紀行では，紀行文を作成することが学習の中心になる。旅行する地域について，景観や気候，産業や文化，人々の生活などをテーマに沿って資料を活用して調べ，感想や考察も入れながら旅行体の文章にまとめることを通して地域について学んでいく。計画よりも自分を通した地域の特色の理解に重点がおかれる。

シミュレーション紀行では旅行の設定が重要になる。伊藤・金野（1998）は，20代独身の会社員がシンガポールへ3年間赴任する設定で「シンガポール引っ越し物語」という実践を小学生を対象に行っている[6]。また，永田（2009）はワーキングホリデー制度を利用して長期滞在の旅行者として対象地域に滞在するという設定で「ワーキングホリデー異文化交流体験記」という実践を高校生を対象に行っている[7]。筆者は，小学校第6学年の学習には，自分が外国の家庭にホームステイする設定がよいと考える。日本と関係の深い仕事に就いて

いる家庭で数日間過ごしながら現地の学校で学ぶという設定により，外国の人たちの家庭生活（衣食住），学校生活や遊び，習慣や考え方，日本との関わりなどを調べ，自分との関わりでまとめることができると考えるからである。

(3) シミュレーション旅行法を取り入れた世界地誌的学習の実践
①単元計画作成のポイント
　第1節において小学校第5学年に新単元「世界の国々と人々のくらし」を設定するカリキュラム案を示したが（図7.1.2），この単元計画の考え方を生かした実践を第6学年で行った。本来は第5学年で実施したいところであったが，世界地誌学習は第6学年で行われており，第5学年で実施するのは難しく，第6学年での実施となった。単元計画のポイントは以下の3点である。
　第1は，平成20年版学習指導要領では教師が数か国（3か国程度）取り上げ，児童が1か国選択して調べることになっているが，できるだけ多くの国の様子に触れさせたいと考え，日本と関係の深い国として2か国を取り上げたことである[8]。
　第2は，1か国目は，日本と最も関係が深く，また日本と同じ東アジアに位置する中国と韓国を取り上げ，児童はどちらか2か国を選択して学習するようにしたことである。調べてまとめたあとに交流を図り，日本との共通点を中心に各国の文化について話し合いを行った。2か国目は，それ以外の日本と関係の深い国々を各自選択して生活の様子などを調べるようにした。
　第3は，同じような学習の流れが繰り返される単調な単元構成にならないように，1か国目は新聞形式でまとめ，2か国目はシミュレーション旅行法（シミュレーション紀行）を取り入れ，調べたことを架空ホームステイの記録文形式でまとめるようにしたことである。

②単元の目標と指導計画
(1)小単元名
「日本と関係の深い国々」（9時間予定）
(2)小単元の目標

日本と関係の深い国の人々の生活の様子などを様々な資料を活用して調べ，まとめることを通して，世界への関心を高めるとともに，生活・文化の共通性や違いに気づき，互いに文化を理解し合うことが大切なことを考える。

(3)指導計画

次	学習課題・学習内容	時間
1	日本と関係が深いのはどんな国か調べよう	1時間
2	日本と関係の深い東アジアの国（中国・韓国）を調べて新聞形式でまとめよう	5時間
3	日本と関係の深い世界の国々を調べて架空ホームステイの記録文形式でまとめよう	3時間

③実践の概要

〈第1時〉

「日本と関係の深いのはどんな国か」と課題を出し，今までの学習を振り返って国名をあげさせていった。歴史関連では，中国，韓国，アメリカ，オランダ，ロシア，ドイツ，イタリア，イギリス，フランス，ポルトガルが出された。貿易関連では，輸入の多い国として，中国，アメリカ，サウジアラビア，オーストラリア，輸出の多い国として，アメリカ，中国，韓国が出された。そのほかにはファーストフードの関連でアメリカ，AETやバンクーバーオリンピックとの関連でカナダ，ワールドベースボールクラシックとの関連で韓国，5年生の学習の工業製品のふるさと調べの学習から中国のほかにマレーシアなどの東南アジアの国々などが出された。これらの国を白地図に着色させ，アジア，北アメリカ，ヨーロッパが多いことに気づき，歴史でも貿易でも生活でも関連が深い国として中国，韓国，アメリカの3か国があげられた。

〈第2時〉

「日本と関係の深いアジアの国を調べよう」という課題を提示し，中国と韓国のどちらか1か国を選択して調べるようにした。調べる内容は①どんな国か（名前，位置，人口，面積，国旗など），②日本との結びつき，③人々の生活（衣食住，遊び，学校生活）とし，「日本と比較してまとめる」という視点を示した。教科書，資料集，図書室などの本，インターネットなどを活用して調べ，ノー

ト2ページ以上に新聞形式でまとめることなどを伝えた。そして，次時からノートにまとめられるように，教科書と資料集を活用して調べ，書く内容をメモさせた。

〈第3, 4, 5時〉

調べる活動を続けると同時に，調べた内容を構成してノートにまとめていった。ある児童は，「日本からの距離が近く，気候も同じ」「伝統的な衣装（チマ・チョゴリ）がある」「米が主食だが食事マナーが違う」「日本よりインターネットがさかん」「流行が日本と似ていてイケメン好き」「学校は日本と似ていて好きな教科は私と同じ」「人気スポーツが似ていて日本とライバル」などのことを取り上げて日本と韓国を比較し，日本と韓国は似ているところが多く，関係が深い国だと分かったとまとめた。日本と比較するという視点を示したことが，意欲的で的確な調べ活動を促し，日本と中国・韓国との生活・文化の共通点について考える活動につながったと思われる。

早く終わった児童は2か国目について簡単にまとめさせ，終わらない児童は家庭学習で仕上げさせた。

〈第6時〉

小グループでまとめたノートを交流し，自分が調べなかった国について学び合い，中国と韓国の人々の生活についての理解を深めた。そして，「日本と韓国と中国の共通点はどんなことか」と課題を出し，顔，文字，遊び，スポーツ，食事やマナー（はしや米食），学校の様子，民族衣装があることなどがあげられた。民族衣装については，それぞれの国で違うけれども大切な儀式のときに着たりして大切にしていることは同じであるという意見も出された。日本，韓国，中国は東アジアに位置する国であることを確認し，最後に感想をまとめさせた。

次時からは「東アジア以外の日本と関係の深いアジアの国を調べよう」という課題で関係の深い国の生活を調べ，架空ホームステイ記録文としてまとめることを告げ，自分の調べたい国を決めて，資料があれは集めておくこととした。

〈第7, 8, 9時〉

各自，1か国目と同様に書く内容をノートにメモして記録文作成に取りか

かった。ここでは,「日本との生活・文化の違いや日本との関連を取り上げる」という視点を示した。児童の多くは架空ホームステイ記録文にまとめる活動に興味を示し,図書室の本やインターネットなどを活用して熱心に調べてノートにまとめていた[9]。自分の行動を中心に,その国の人々の家庭生活,学校生活の様子について国の自然等の特色や日本との関連にも触れながらまとめた作品が完成した。以下に示したレポートは,アメリカ合衆国を取り上げた児童の作品である。

ジャクソンさん一家と生活して

　私は,アメリカのアリゾナ州に住んでいるジャクソンさん一家にホームステイすることになった。期間は一週間だ。1日目,成田空港からアリゾナ空港まで行った。もう夕方だった。そのためすぐにジャクソンさんの家に行った。家は大きく広い。大きな庭にはプールがあった。母のケイさんが作った夕食はおいしく,パンとハンバーグをナイフとフォーク使って食べた。ベッドではいていたくつをぬぎ,寝た。
　2日目,朝はケイさんが作ってくれたシリアルを食べ,サリーやジョンと学校へ行った。みんなといっしょに授業を受け,休み時間には校庭でバスケットボールをして遊んだ。昼食は売店でピザを食べた。ハンバーガーを食べている友達も多かった。おいしかった。家に帰って,ケイさんに,ジョンやサリーとジョーさんのとうもろこし農園へつれていってもらった。日本とは比べものにならないくらい大きかった。飛行機で農薬をまいていてびっくりした。このとうもろこしは日本にもたくさん輸出しているそうだ。夜,ホームパーティーを開いてくれた。ケイさんのおいしい料理やデザートがならび楽しかった。ジョーさんはビールを飲んでいた。
　3日目,みんなでグランドキャニオンへ行った。ジョーさんが車で連れて行ってくれたのだ。多くの観光客がいた。きれいな景色に感動した。街でお昼を食べるとジーンズをはきハンバーガーを食べている人が多くいた。アメリカから世界に広まったものらしい。
　4日目,カリフォルニアのディズニーランドへ連れて行ってもらった。日本のディズニーランドよりも大きく楽しかった。その日はカリフォルニアのホテルに泊まり,5日目はハリウッドへ行った。ここもアメリカらしさにおどろいた。そしてアリゾナ州へ帰った。アメリカは国土が広いので高速道路の整備が進んでいるため速く移動ができるのだ。
　それからみんなと楽しく過ごしたりプールで遊んだりしているうちにあっという間に日はたった。そして日本に帰る日の前日,ケイさんの料理でパーティーを開いた。大きなお肉や6日目に私が教えたおにぎりもつくってくれた。おいしかった。その後折り紙をつくるとよろこんでくれた。次の日,みんなに見送られながら,私は成田行きの飛行機に乗った。

（4）実践の考察とまとめ

　本実践では，東アジアの国とアジア以外の国を取り上げたが，小学校の世界地誌的学習は，日本が属するアジアの国々の生活・文化の共通性に気づくことと日本とは自然や生活・文化が異なる国があることに気づくことの両面が必要であり，東アジアの国を含めて最低2か国は取り上げるべきであろう。しかし，9時間で2か国を調べてまとめることは時間的にかなり厳しく，それをもとに考えたり，話し合ったりすることがあまりできなかった。日本と関係の深い国の人々の生活を調べてまとめることを通して何を学んだか振り返る時間は必要である。前節の表7.1.2で示した程度の時数をかけて学習するようにしたい。

　5年生で実施する場合には，歴史的なかかわりは取り上げないので日本と関係のある国の数は限られようが，貿易によるつながり，身近な輸入製品，生活のなかの外国などの調べ学習を十分に行ってたくさんの国名を出させ，外国への興味・関心を高めてから調べ学習に入ることが必要となるであろう。

　シミュレーション旅行法を取り入れた架空ホームステイ記録文作成は小学生にはやや難しい課題であるが，例として載せた児童の作品からもわかるように，国の生活や文化，自然や日本との結びつきを調べるのには適した活動であり，言語活動の充実という意味からも価値があると考える。児童は世界の国々の人々の生活や文化について高い興味・関心をもって取り組んでおり，小学校高学年の段階で世界地誌的学習行う意義は大きいと感じられた。

　第2章第1節で述べたように，世界地誌的学習は小学生にとって有用意識の高い学習内容である。架空ホームステイ記録文作成などの指導方法を工夫することによって子どもたちが子どもたちが主体的に取り組むようにしたい。そのことが子どもたちにとっての世界地誌的学習の意義・価値を高め，カリキュラム改善につながっていくと信じる。

【注および参考文献】
(1) 旅行体記述方法の教科書について，中川（1978）は地図の重要性が忘れられていたとして地理教育史にさいたあだ花に過ぎないと酷評しているが，旅行を通して地域を学習する方法は現代の社会科教育・地理教育においても有効な方法であると思われる（中川

浩一『近代地理教育の源流』古今書院，p.18，1978.8)。
(2) 旅行を取り入れた地理教育の近年の研究には伊藤 (2003) がある（伊藤裕康「『旅行』を活用した地理学習のカリキュラム構想」『社会系教科教育学研究』第 15 号，pp.1-12, 2003)。
(3) 例えば以下の実践がある（吉水裕也「中学校地理におけるディベートへの布石を打つ実践例―プレゼンテーション＜私がつくる魅力ある旅＞―」『大阪教育大学附属天王寺中学校研修集録』第 37 号，pp.35-63，1995／永田成文「高等学校地理における異文化理解を深める文献調査学習―異文化交流の仮想体験を活用して―」『地理教育研究』No.5, pp.1-10, 2009.10)。
(4) この活動は大学の教養の授業「子どもと地域」のなかで取り入れているが大学生にも好評である。いわゆる日本らしさだけでなく，自分たちの日常生活の中に日本らしさがあることを再認識するようである。
(5) 以下の文献に詳しい（佐藤浩樹「ニュースを地図帳で解説　今，日本で，世界で，起こっていること東北の夏祭り」『こどもと地図』2016 年 2 学期号，p.19-20，2016.9)。
(6) 伊藤裕康・金野誠志「『出力型授業観』に基づく社会科教育の研究 (2) ―続『シンガポール引っ越し物語』（準備編・食事編）の実践より―」『地理学報告』第 87 号，pp.19-33, 1988.12
(7) 永田 (2009) 前掲論文
(8) 1 か国（韓国）を共通に学習し，その後，ほかの国を選択して学習する流れは，次の文献に例がある (21 世紀の社会科を創る会・北俊夫編『ニュー社会科のカリキュラムをどう開発するか』明治図書，p.89, 1999.4)。また，櫻井は，最初に中国，韓国から選択して学習し，その後アメリカ，サウジアラビア，ブラジルから選択して学習する流れを示している（櫻井正義「小学校における世界の地理的な学習の実践事例―全国地理教育学　会第 3 回シンポジウムの要旨として―」『地理教育研究』第 8 号，pp.76-79, 2011.3)。
(9) 再実践するとしたら調べるポイントやまとめ方を示すワークシートを作成するようにしたい。

第 8 章

地理的要素を取り入れた小学校歴史学習
—歴史学習における地図帳の活用—

(1) はじめに

　小学校社会科において，教科用図書「地図」(以下，地図帳）は，地名の位置の確認はもとより，社会的事象の様子や関係，自然環境とのかかわりなどを調べ，社会的事象を適切に見たり考えたりする能力を育てる教材として重視されてきた。2008（平成 20）年の学習指導要領改訂でも，改善の具体的事項に「地図帳や地球儀の活用を一層重視する」とあるように，より積極的な活用が期待されている。授業での地図帳の活用状況をみると，4 年生が 75.1 ％，5 年生が 72.0 ％と活用率が比較的高いのに対し，6 年生では 57.7 ％と約 15 ポイント低下している[1]。小学校 6 年生では，地図帳をよく使うという回答はわずか 7.1 ％にとどまっており，地図帳の活用状況はきわめて不十分である（帝国書院 2003）。そのため，いまだに，「まずは，子どもたちに，社会科の時間に地図帳を持ってこさせることが第一歩だ」（櫻木 2010）というのが，小学校 6 年生の歴史的学習における地図帳活用の現状となっている。

　小学校の歴史的学習における地図の活用は，歴史的事象が起こった場所を確認するために教科書や社会科資料集の略地図を見て終わることが少なくない。しかし，地図帳を活用することにより，歴史的事象が起こった場所の地形や現在の都市との位置関係を調べたり，複数の地図を関連的に見たりすることにより，歴史的事象の関連や因果関係，背景や意味を考えることができるとともに歴史的事象と現在の生活との関連を考えることが可能となる。小学校歴史的学習において地図帳があまり活用されない現状の背景には，この地図帳活用の意義が十分に理解されていないことがあるように思われる。

　『社会科教育』（明治図書）の特集をみると，1986 〜 2004 年までは地図に関

わる特集はわずか1件であったものが，2005年以降は5件あり，地図指導を重視するようになっていることがわかる。特に2012年12月号では，初めて地図帳活用に関わる特集が組まれており，そこでは，地図帳を活用して歴史事件や歴史の謎解きについて考える授業実践・授業プランが掲載されている。このような実践事例や授業プランはまだまだ少なく，地図帳を活用して歴史的事象の関連や因果関係，意味を考える事例やプランを提示することが歴史的学習で積極的に地図帳を活用することにつながっていくと考える。そこで，本章では，小学校の歴史的学習において地図帳を活用して歴史的事象の関連や意味を考える3つの授業プランを提示することにする。本授業プランは，小学生を対象とした実践は行っていないが，教育学科の大学生を対象に授業を実施したので，授業後に書かせた感想をもとに，授業プランについての考察も行いたい。

(2) 岩倉使節団ルートを追う地図帳活用プラン

本授業プランのねらいは，地図帳（『楽しく学ぶ小学校の地図帳』帝国書院）[2]を活用して岩倉使節団の訪問ルートをたどることにより，世界のなかで当時の日本がおかれた位置を考え，使節団訪問の意味や意義を理解することである。以下，授業プランの流れについて，発問・指示とその説明という形で具体的に示したい。

①岩倉使節団は，外国へ何をしに行ったのだろうか

岩倉使節団の中心メンバーを確認したあと，使節団の目的を問う。既習の学習から，欧米列強諸国の視察と不平等条約改正の下交渉という使節団の目的に近い考えが出されると思われる。

②使節団は，どの国を訪問したのだろうか

使節団の目的から，アメリカやイギリスなどの国が出されることが予想される。ここでは正解は示さずに，次の活動を行うようにする。

③使節団の訪問ルートを，地図帳を使って予想してみよう

アメリカ号という最新の蒸気船で横浜港を出港し，欧米諸国訪問後，日本へ帰国するまでのルートを予想させる。自分で予想した訪問国を指で地図旅行的

にルートとしてなぞらせる。

　④訪問国を地図帳で確かめて印を付けよう

　訪問国は，訪問順に，アメリカ，イギリス，フランス，ベルギー，オランダ，ドイツ，ロシア，デンマーク，スウェーデン，イタリア，オーストリア，スイスの12か国である。時間があれば白地図に着色させたい。実際の訪問ルートを示し，自分の予想と比べて気づいたことを発表させる。太平洋を渡っていること，小国にも訪問していること，アジア諸国の港（セイロン島，シンガポール，香港，上海など）に寄っていることなどが出されるであろう。

　⑤訪問ルートを地球儀でたどってみよう

　地球儀でルートをたどってみると，実際には地図帳で見るよりも距離が短いことに気づくはずである。新学習指導要領で地球儀の活用が重視されたが，絶好の活用場面と思われる。

　⑥世界を早く回れたのはどうしてだろう

　使節団は訪問の少し前に完成した2つの大事業のおかげで早く世界を回ることができた。2つの大事業とは何だと思うかと問う。答えはアメリカ大陸横断鉄道とスエズ運河である。正解を出すのは難しいと思うが，アメリカの広さを地図帳で確かめ，国内の移動手段を予想させたり，日本への帰国ルートとマゼランの世界一周ルートを地図帳を使って比べさせたりして考えさせたい。岩倉使節団は1871年12月23日に出発し，1873年9月3日に帰国しているが，1869年に完成した大陸横断鉄道とスエズ運河がなければ，帰国はもっと遅くなったはずである。

　岩倉使節団は今後の日本の国づくりに向けて多くのことを学んできたが，小学生が，岩倉使節団の訪問ルートを地図帳を活用してたどる活動で考えられるのは，道路，鉄道，運河，船舶など交通機関の重要性であろう。訪問ルートを追うことで，使節団のメンバーが体験的に理解したであろう交通機関の重要性に気づかせたい。

　⑦使節団は，日本はどの国に学ぶべきだと考えたのだろうか

　使節団は，欧米やアジアの国々を視察するなかで，日本のおかれている相対

的位置を理解し，人口規模，国土面積，歴史的背景，おかれている状況などからドイツを1つのモデルとしたと思われる。伊藤博文が制定した大日本帝国憲法がドイツの憲法を手本にしたことは有名であるが，使節団の視察で訪れたドイツでの体験・学びに影響を受けたことに触れ，岩倉使節団の視察が日本の国づくりの方向性を決める重要な旅であったことを理解させたい。

(3) 富岡製糸場について探求する地図帳活用プラン

本授業プランのねらいは，富岡製糸場の立地条件や生産された生糸の輸送ルートを探ることより，富岡製糸場に関わる歴史的事象の関連や因果関係を考え，富岡製糸場についての理解を深めることである。授業の流れについては，主な課題とその説明という形で具体的に示したい。

①歴史の舞台になった場所を地図帳で確認しよう

歴史の授業において，新しい歴史的事象に出会ったら，子どもたちが自分から地図帳を広げるようにしたい。富岡製糸場を取り上げるときにも，地図帳で位置を確認させる。富岡製糸場は群馬県南西部に位置する富岡市にあることがわかる。歴史の授業で地図帳を活用してきたクラスでは主題図「歴史の舞台になった場所」から富岡製糸場を見つけるだろう。

②官営の製糸場が富岡につくられた理由を考えよう

官営工場のモデルとしての富岡製糸場について教科書で学んだあと，富岡に製糸場がつくられた理由を考えさせる。地図帳を見ると富岡製糸場の近くに繭の記号を見つけることができる。群馬県で繭づくり（養蚕）が盛んなことが地図帳からわかる。養蚕が盛んで，良質の繭がとれたことが富岡に設立された大きな理由であったと推測できる。

次に，繭や製糸と関係のある製品の記号が富岡製糸場の近くにあるか地図帳で探してみようと投げかける。子どもたちは，伊勢崎がすりを見つけられるだろうか。伊勢崎がすりは，残り物の繭や糸を使ってつくった織物で，江戸時代後半には江戸，京都，大阪へ出荷されるほど人気があったようである。このことから，富岡製糸場が生糸の生産が盛んな地域につくられたことがわかる。群

馬県の郷土かるたである上毛かるたには「日本で最初の富岡製糸」「繭と生糸は日本一」と読まれている。

③伊勢崎がすりはどこを通って運ばれたか

伊勢崎がすりは，どこを通って江戸，京都，大阪へ運ばれたかも問う。子どもたちは，五街道の1つである中山道だとわかると思われる。主題図「江戸時代の交通路」で確認させる。この地図で，江戸時代には，安価で大量に運べる船による輸送が重要であったことを押さえておく。これが生糸の輸送ルートを考える伏線になる。

④女性労働者が集まらなかった理由は何か

富岡製糸場には全国から多くの女性労働者がやってきてきたが，最初は外国人に血を吸われるといってなかなか人が集まらなかった。なぜそう思われたか想像させる。富岡製糸場の首長ブリュナらがワインを飲む様子を見て，生き血を吸うと勘違いされたということである。ブリュナの母国であるフランスを地図帳で確かめるとワインの記号を発見できる。このような小さな活動の積み重ねが3学期の「日本と関係の深い国々」の学習につながっていく。

⑤生糸はどのように横浜に運ばれたか

明治時代初期，生糸は日本の輸出品の第1位になった。富岡製糸場でつくられた生糸はどこから輸出されたか問う。子どもたちは幕末に開港した港である横浜だと推測するであろう。地図帳で富岡と横浜の位置関係を確認する。ここで，富岡から横浜までどこを通りどうやって生糸を運んだのかと発問する。地図帳を見て，ルートと輸送方法を予想させる。

鉄道という予想を立てる子がいると思われる。が，新橋－横浜間の鉄道開通は1872年で，富岡製糸場操業と同じ年である。高崎－上野を結ぶ高崎線は，群馬の生糸を横浜へ運ぶことが敷設の大きな理由だったが，全線開通は1884年でる。富岡と高崎を結ぶ上信電鉄の開通も1895年である。八高線や横浜線も同様の目的で計画されたが，開通はさらに遅く，富岡製糸場の操業開始よりずっとのちのことである。

輸送方法として自動車と考える子もいると思われる。しかし，この時代に自

動車はなく，陸路で輸送する手段は荷車（大八車，馬車）が主力だった。ルートについては，江戸を通って横浜へ運ぶルートや八王子を通るルートを考えるかもしれない。八王子から横浜へ至る道は日本の絹の道ともいわれている。しかし，この道は難路であり，富岡など群馬産の生糸を荷車で運ぶルートとしては十分に機能していなかったと思われる。では，どうやって生糸を横浜まで運んだのか。ここで，江戸時代に船が重要な輸送手段だったことを思い出させる。明治初期においては，富岡製糸場でつくった生糸の輸送は，船で利根川・江戸川を通って江戸から横浜へ運ぶのが主力ルートであり，水上のシルクロードとも呼ばれている[3]。

　富岡製糸場でつくられた生糸の輸出ルートを探ることで明治時代の交通の発達に対する関心を高め，文明開化の学習へつなげていくことができるだろう。

(4) 生糸輸出を通して日本と世界の関わりを世界地図上で理解する授業プラン
①はじめに

　平成29年版小学校社会科学習指導要領では，6年歴史学習の内容の取り扱いに「当時の世界との関わりにも目を向け，我が国の歴史を広い視野から捉えられるよう配慮すること」という記述が加わり，解説では世界の国々との関わりが深い歴史上の主な事象について調べる際に，当時の世界の動きが大まかに分かる地図などの資料を用いるようにすることが示された。「大陸文化の摂取」など6つの内容が例示されているが，ほかの内容でも地図を積極的に活用し，当時の世界との関わりに目を向けるようにしたい。本項では，明治期における日本の近代化の原動力になった生糸の輸出を取り上げた授業プランを紹介する。

②生糸はどこへ輸出されたか

　明治初期，富岡製糸場などで生産された生糸は横浜港からどこへ輸出されたのか問う。輸出先はヨーロッパ諸国かアメリカか。ルートはどこを通ったのか地図帳を見て予想させる。子どもたちは迷うと思うが，生糸の輸出ルートは岩倉使節団の場合と同様に世界の交通路の発達と密接に関連している。
　横浜開港当初は喜望峰を迂回する航路によるイギリスへの輸出が最も多く，

ロンドンからヨーロッパ各国へ再輸出されていた。1869年のスエズ運河開通により地中海を通過して運ぶことで運搬時間が短縮され，フランスやイタリアへ直接生糸を輸出できるようになった。このころからフランスへの輸出が増え，1873年にはフランスが第1位の輸出先となっている。富岡製糸場で生産された生糸は，マルセイユの港からヨーロッパの絹織物の中心として栄えたリヨンの市場へと運ばれた。富岡製糸場建設の指揮を執ったフランス人の技師ポール・ブリュナも，リヨンで製糸の技術を学んでおり，富岡製糸場を引き継いだ片倉製糸紡績も後にリヨンに代理店をおいている。

汽船が大型化し燃料効率が向上する1880年代以降は，スエズ運河経由の汽船が日本とヨーロッパを結ぶ主ルートとなる。スエズ運河開通とヨーロッパへの生糸輸出ルートとの関わりを地図を使って気づかせるようにしたい。

③アメリカへの生糸輸出が増加したのはどうしてか

6年生教科書（『新しい社会科6年生』東京書籍）には1890年と1910年の貿易品目の推移のグラフが掲載されている。このグラフからは，生糸が日本の近代化を支える輸出品であったことが読み取れる。近代紡績工業発祥の地である大阪は「日本のマンチェスター」と呼ばれる発展を遂げた。マンチェスターの位置を地図帳で確認し，紡績業の中心がヨーロッパから日本に移ったことに気づかせたい。そして，この時期生糸はどこへ輸出されていたのか子どもたちに問う。

日本の生糸はヨーロッパが主要輸出先であったが，1880年ごろからアメリカへの輸出が急増し，1884年からはアメリカが生糸輸出先の第1位となる。1920年代には日本の生糸輸出量の6割以上がアメリカへ輸出されるようになった。アメリカへの輸出が急増したのは，アメリカ絹織物業界の急速な発展と高品位生糸の需要増加が大きな要因である。

アメリカでは1869年にアメリカ横断鉄道が開通し，1870年には横浜とサンフランシスコを結ぶ太平洋汽船が運航を開始している。このことによって，横浜港から輸出された生糸は，太平洋からアメリカ大陸を横断し，ニューヨークの市場に運搬されるようになった。このように，アメリカへの生糸輸出も当時

の交通の発達が関わっている。これらの運搬ルートは,「日本から海外へのシルクロード」ともいわれている。世界の中心がアメリカへ移り,日本とアメリカの相対的距離が縮まって日本とアメリカの関係が強くなっていくことに子どもたちは気づくだろう。

(5) 授業プランに対する若干の考察

　この3つの授業プランを,小学校教科専門科目「社会科概説」のなかで,歴史的学習における地図帳活用というテーマで取り上げ,約30名の大学生(2回生前期)を対象に模擬授業を行った。変更点は,使節団のルートを予想する際,地図帳ではなく白地図を使ったこと,使節団のルートを地球儀で確認する代わりに北極中心の正距方位図法の地図を使ったことなどである。

　模擬授業は,ほぼプランどおり進み,学生にはたいへん好評であった。岩倉使節団ルートを追うプランでは,使節団の派遣とアメリカ大陸横断鉄道,スエズ運河の開通がほぼ同時期であることは大変興味深かったようであり,地図帳を活用することで鉄道や運河の開通の価値を実感し,それが日本の交通の発達にも影響を与えたことを理解できたと思われる。白地図上でルートを予想するのはやや難しかったようで,地図帳を使ったほうがよいと感じた。

　富岡製糸場のプランについては,生糸を運ぶルートや手段を考えることなどを中心におもしろかったという声が多かった。地図帳を活用することで地理と歴史の関連が図れ,歴史的な背景が理解できること,歴史を考えるのに地理的要因が大切であることなど,歴史的学習で地図帳を活用する意義を理解している感想が多くあった。以下はその一部である。

○富岡製糸場を地図上で調べるというのはとてもおもしろかったです。歴史となると想像するしかないことや当時はそうだったのかなぁと予想するしかないこともあると思いますが,地図を使うことでより具体的に考えたり,地理的な要因で歴史が進んだこともあるので,地図帳の活用も考えていきたいと思いました。
○地図帳では場所を調べるだけでなく,歴史の背景についても知ることができるのだと思いました。教科書に書いてあることを覚えるのではなく,地図帳を使って自分で推測したり考えたりできるので,よい学習ができると思いました。

○地図帳がなければ「富岡製糸場から横浜市へどうやって運ぶのか」の答えは出てこないと思うし，答えを言ってもピンとこないと思う。地図帳があれば様々な案も出てくるし，答えを言ったら「なるほど!!」となる。だから子どもはさっと理解できるし，すっと頭に入ると思う。先生になったら地図帳をできる限り最大限に生かしたいと思います。
○地図帳と関連させて歴史の授業を行うのは難しいと思いますが，今日の授業はとても上手に関連させて話が進んでおり，すごいと思いました。それと同時に地図帳を使って授業する大変さを感じました。

(6) おわりに

本章では，地図帳を活用した小学校歴史的学習の授業プランを3つ提示し，大学生を対象とした授業の感想をもとに若干の考察を行った。授業を受けた学生は，後期の「社会科教育法」において，歴史の授業案づくりのレポートや6年歴史の模擬授業で地図帳を積極的に活用しようという姿勢がみられている。

地歴連携の重要性が指摘され，小学校の歴史的学習においても，文化，宗教の伝来，戦争などについて世界の歴史地図の活用が大事であるとされている。歴史的学習のカリキュラムに地図帳の活用を位置づけることが必要となろう。歴史的学習で地図帳を活用する意義が広く理解され，地図帳を活用した地理的要素を取り入れた歴史的学習が全国の教室で展開されることを期待したい。

【注】
(1) 数値は，「学校で地図帳を使いますか」という質問に対して，「よく使う」と「時々使う」と答えた児童の割合を合計したものである（帝国書院 2003, p.6）。
(2) 帝国書院編集部編『楽しく学ぶ小学生の地図帳』(2013)を活用してプランを作成した。
(3) 高原（1995）は，明治時代初期においては，上州糸は利根川，江戸川を下って江戸に入る舟運が最重要な輸送ルートであったとし，そのルートを水上のシルクロードと呼んだ。

【参考文献】
泉三郎『岩倉使節団という冒険』文藝春秋，2004.7
今井幹夫監修『富岡製糸場解説書（改訂版）』富岡市，2007
エデット編『日本史世界史対比年表』PHP出版，2007
櫻木泰自「小学6年＝地図の出番が3倍になる授業ヒント」『社会科教育』No.614, pp.87-89, 2010.6
佐藤浩樹「岩倉使節団ルートを追う地図帳活用法」『社会科教育』No.644, pp.58-59,

2012.12
佐藤浩樹「6年わたしの地図活用　歴史と地図　富岡製糸場と養蚕」『世界が広がる子どもと地図』2013年2学期号，pp.11-12，2013.9
佐藤浩樹「歴史上の"モノ・ヒト・コト"にかかわる面白ウラ話　交通にかかわる面白ウラ話」『社会科教育』No.667，pp.54-55，2014.11
佐藤浩樹「生糸の輸出を通して日本世界の関わりを世界地図上で理解する」『社会科教育』No.707，pp.118-119，2018.3
高村直助『再発見明治の経済』塙書房，1995.6
田中彰『岩倉使節団「米欧回覧実記」』岩波書店，2002.12
田中彰『明治維新と西洋文明―岩倉使節団は何を見たか―』岩波書店，2003.11
帝国書院「地図帳好き？　嫌い？　この県知ってる？」『世界が広がる子どもと地図』2003年特別号,vol.1，2003.4
帝国書院編集部編『楽しく学ぶ　小学生の地図帳4．5．6年最新版』2013
富岡製糸場を愛する会『学びパンフレット　富岡製糸場を世界遺産に!!』2013
西尾敏和・湯浅昭『近代における我が国から海外へのシルクロードについて』
文部科学省『小学校学習指導要領解説社会編』2008.8

第 9 章

同心円的拡大主義の再評価
―地理を基盤とした小学校社会科カリキュラムとして―

(1) はじめに

現在の小学校社会科カリキュラムは，同心円的拡大原理を基本的なシークエンスとし，中学年では社会機能法，高学年では学問体系を主たるスコープとしながら現代社会の諸課題に関わる内容を取り入れた複雑な内容構成を示している。小学校社会科カリキュラムについては，近年，育成すべき資質・能力の育成や小・中学校の社会科の接続・発展（系統性）について検討がなされており，それに伴い同心円的拡大主義に代わって空間軸，時間軸，社会システム軸で内容を整理するという考えも提示されるなど，小学校社会科の内容構成原理の再確立が大きな課題となっている。

同心円的拡大主義は，社会科発足以来現在まで，ほぼ一貫して小学校社会科のカリキュラム原理として採用されているが，積極的な理由からというよりも同心円的拡大主義に変わる新たな社会科カリキュラム原理が確立されていないためとされる（山口2002）。同心円的拡大主義は，単なるシークエンスではなく，スコープをも規定する内容構成法であり（安藤1993），同心円的拡大主義に代わる内容構成原理を採用することは，日本の小学校社会科のあり方を変えるカリキュラムの根本的な変革を意味する。

本章では，小学校社会科カリキュラムの変遷と同心円的拡大主義に対する主張・批判を整理した上で，P.ハンナの同心円的拡大論を参考に日本の小学校社会科カリキュラム原理の基盤である同心円的拡大主義の基本的性格を明らかにしてその意義を再検討し，小学校社会科カリキュラムのあるべき姿を模索していきたい。

(2) 学習指導要領にみる同心円的拡大主義の変遷

同心円的拡大主義とは，身近なものから始まり，学年進行に伴って，身近な地域→市区町村→都道府県→日本の国土→世界（国際社会）というように，学習対象地域を順次拡大していくシークエンスの編成原理である。

1947（昭和22）年の小学校社会科誕生時においては同心円的拡大主義は採用されていなかったが，1948（昭和23）年の学習指導要領補説で主要経験領域という概念が示されて同心円的拡大主義が導入された（山口1989）。昭和26年版学習指導要領では，領域という語が空間的な広がりだけを意味するように誤解されるおそれがあるとして用いられなくなる。しかし，学年の主題と単元の基底の例として示される内容をみると，主要経験領域の中心的意味は空間的な広がりを表しているといえる。

昭和30年版学習指導要領では，各学年の主題として第1学年「学校や家庭の生活」，第2学年「近所の生活」，第3学年「町や村の生活」，第4学年「郷土の生活」，第5学年「産業の発達と人々の生活—日本を中心として—」，第6学年「日本と世界」が取り上げられ，同心円的拡大主義によるカリキュラムがより明確に示された。日本の歴史に関わる内容が「日本と世界」を主題とする第6学年の学習内容の1つとして位置づくなど，空間的な広がりを重視した同心円的拡大カリキュラムとなっている。昭和30年版学習指導要領は，問題解決社会科から系統的な知識習得をめざす社会科への過渡期のもので，内容面で地理的・歴史的内容の系統的知識を組み込み，問題解決的に習得させようとするところにその特徴があるとされる（小原1991）。そのため，子どもの経験領域の拡大としての空間的広がりが系統的な学習内容の空間的広がりへと意味を変え，同心円的拡大カリキュラムとしての性質が変化している。昭和33年版学習指導要領は，学年の主題は示されていないが昭和30年版学習指導要領の性格が引き継がれ，昭和43年版の学習指導要領において系統的学習内容に基づく同心円的拡大主義によるカリキュラムという性質がよりはっきりと示された。昭和26年版学習指導要領が経験領域の空間的広がりという意味での同心円的拡大主義小学校社会科カリキュラムの完成型とするならば，昭和43年版

学習指導要領は系統的学習内容の空間的広がりという意味でのカリキュラムの完成型といえる。

　昭和52年版学習指導要領において自都道府県学習および世界に関する学習が大幅に削減されて同心円的拡大主義が崩れたが，平成元年版学習指導要領では，自都道府県学習，世界地誌的学習が復活するとともに中学年に外国との結びつきの内容が加わった。また，低学年社会科が廃止され身近な地域の学習から社会科学習がスタートすることとなった。家庭・学校生活は生活科で扱い，中学年で外国との関わりを取り上げるような修正はあったが，平成元年版学習指導要領において小学校社会科は再び同心円的拡大主義によるカリキュラムの性格を強めた。その後は，平成10年版学習指導要領で第4学年の国土学習が第5学年へ移行して学年の内容が同心円的拡大的に整理され，平成20年版学習指導要領で基盤的知識として第4学年に47都道府県の名称と位置，第5学年に世界の主な大陸と海洋，世界の主な国々の名称と位置の内容が加わったが大きな変化はなかった。平成29年版学習指導要領では，第3学年が市を中心とした地域，第4学年が県を中心とした地域を取り上げることになり，同心円的拡大がより明確になった。日本の小学校社会科カリキュラムは，性格が変化し，部分修正されながらも1948（昭和23）年から現在まで基本的には同心円的拡大主義によるカリキュラムが編成されている。

(3) 同心円的拡大主義の理論的基盤とその批判

　同心円的拡大主義には2つの理論的基盤がある。1つ目は，身近なものほどわかりやすく，遠いものほどわかりにくいという社会理解の空間的原理が学年の発達段階と一致すると考える「空間的拡大の原理」であり，2つ目は，子どもの社会認識は，子どもの発達にしたがって学校・家庭という小さな社会集団から，地域，国，国際社会といった社会集団に広がり発展して進むという「社会集団拡大の原理」である。前者の理論が地理学に基盤をおくのに対して，後者の理論は社会学に基盤をおくものである。

　同心円的拡大主義の意義を積極的に主張したのは小林（1969）と山根（1982）

である。小林は興味・関心があるという程度の理由で低学年から外国について学習するべきではないとし，社会的意味の追求という観点から同心円的拡大主義を擁護した。また山根は，「同心円的拡大の意味は，子どもの成長にしたがって空間的認識を広げていくという面よりは，むしろ，子どもが成長するにしたがって，社会集団をあるまとまりを持って，発展的に理解していくという論理にこそあると考えている」と述べており，両者とも「空間的拡大の原理」よりも「社会集団拡大の原理」を重視して同心円的拡大主義を支持している。一方，同心円的拡大主義の最も中心的な理論的根拠である「空間的拡大の原理」に基づいてその意義を積極的に支持する主張はほとんどみられず，多くの批判がなされている。

　同心円的拡大主義に対する批判の多くは地理教育の立場から展開されてきたが，近年のものとしては牛田他（2005），寺本（2003）による批判がある。牛田他は，「物理的距離と心理的距離の相違」と「子どもの世界を拡張するマスメディア」という以前からの代表的な批判をもとに，インターネットなどのメディアの発展によりこれらの批判が展開された1970年代後半よりもよりその妥当性を獲得していると述べ，同心円的拡大主義を批判している。また，寺本は，平成10年版学習指導要領に対して，「地理教育衰退につながる要因の第一は，地理教育を担う小学校社会科における内容配列にある。（中略）いわゆる素朴な同心円的拡大が従前にも増していっそう機械的に当てはめられてしまったのである。（中略）子どもの地理的学習領域の観点からいえば，あたかも「精神の鎖国」を強いる構成になっていると言わざるを得ない」と述べ，同心円的拡大主義を痛烈に批判している。これらの批判は，いずれも同心円的拡大主義を地理教育カリキュラムとしてとらえた批判であり，寺本が「社会科の目標『公民的資質の基礎』と地理的見方・考え方に基づいた世界像の構築という地理教育本来の目標との間で齟齬が生じている」と述べるように，地理科的地理教育論の視点からの批判であるといえる。同心円的拡大主義に対する具体的批判の代表的なものは，世界・外国に関する内容が常に最後に回されてしまうというものである。国際化・グローバル化の進展や児童の外国への興味関心の早

期化などの理由から中学年から世界地誌学習を導入すべきであるという主張は根強くある（岩本2008）。

　中学年から世界に関する学習を行うことは地理教育の充実という点からは必要であり，筆者も同様の主張をしている（佐藤2011）。しかし，同心円的拡大主義は，地理教育のカリキュラム原理ではなく，小学校社会科カリキュラムの原理である。小学校において地理的内容は社会科として行われるものであり，地理的内容を社会科のなかにどのように位置づけるかという視点を欠いた同心円的拡大主義批判は，社会科カリキュラム・地理カリキュラムの改善に向けた現実的な力となり得ない。同心円的拡大主義を小学校社会科カリキュラム原理としてとらえ，その基本的性格を明らかにし，社会科教育における地理の位置付けを視野に入れて検討する必要があるのではないか考える。

(4) 同心円的拡大主義の基本的性格—P.ハンナの同心円的拡大論—

　アメリカ合衆国における同心円的拡大の起源は1898年にマクマリーが提案した地理カリキュラムに求められ，その後多くの同心円的拡大カリキュラムによる実践も行われたが，同心円的拡大の理論的起源は，1956年のP.ハンナの論文「社会，子ども，カリキュラム」であるとされる（安藤1993）。ハンナによる代表的な小学校社会科カリキュラムとして「基礎社会科プログラム」および「人間世界の調査」がある。ハンナの同心円的拡大論に対しては，安藤（1993，2005），武元（1971），草原（1997）らが論じているが，以下の4点に特徴があるとまとめられる。

①地理を基盤とした社会科カリキュラム

　安藤は，「ハンナは，社会科のなかで地理を前面に据えて，歴史を後塵に拝していた」と述べ，ハンナのカリキュラムを主として地理的発想に基づく同心円的拡大とした。武元は，「ハンナは，地理的空間的次元で展開する各共同体を，基礎的人間諸活動が営まれる空間的に意義ある場として利用している」と述べ，ハンナの同心円拡大カリキュラムが社会科教育における地理の重要性を証示したとしている。また，草原は「ハンナにとって，コミュニティーとは，

一定空間における総合的な社会事象のことであり，それは一般に『地域』と呼ばれるものである。ハンナ社会科は，認識対象を地理的に設定することで学習内容の総合性を保証しようとしているところに特色がある」とし，ハンナの同心円的拡大論の地理的性格を指摘した。すなわち，ハンナの同心円的拡大論は，地理を基盤とした小学校社会科カリキュラムであるところに第1の特徴がある。

②市民的資質の育成を重視する社会科カリキュラム

ハンナの同心円的拡大論について，安藤は「すべてのコミュニティへの忠誠心の要求，生活改善への寄与を重視していること」，草原は「子どものコミュニティへの帰属意識や参加の態度の育成を目標とすること」を特徴としてあげている。また，武元は「市民的資質の形成という目標の下に社会諸科学の概念と方法を児童・生徒に習得させる」，草原は「社会認識の指導に重きを置き社会認識指導を通して帰属意識や社会参加の態度を育成する」と特徴を述べている。ハンナの同心円的拡大論は，人間形成・態度形成を最終目標とするものあり，社会認識形成を通して所属意識や社会参加の態度（市民的資質）を育成するカリキュラムであることが第2の特徴である。

③身近な地域の学習（郷土学習）を重視する社会科カリキュラム

ハンナは，経験の統一的全体から出発してその構成要因へと向かうアプローチを採用しているように，小学校段階における学習の全体性を重視している。そして，安藤が「ハンナは，郷土までのコミュニティの学習において，子どもの直接経験を重視していた」が述べるように，概念形成とって直接経験が重要であるとし，特に身近な地域（環境）の学習における直接経験の意義を強調している。すなわち，体験を取り入れた全体的・総合的学習としての郷土学習を重視していることが第3の特徴である。

④小学校で家庭・学校から世界までを取り上げる社会科カリキュラム

ハンナは，小学校で社会に生活する人々の全体的な学習をさせたあと，中等学校で個別の社会科学の科学を学ばせるカリキュラムを構想している。小学校における学習をそれ以降の準備と位置づけず，小学校段階での学習のまとまりを重視しており，ハンナの同心円的拡大論は小学校で家庭・生活から世界まで

を取り上げるカリキュラムとなっている。これが第4の特徴である。このことは安藤も指摘しているが，同心円的拡大論のきわめて重要な特徴である。

以上述べたように，P.ハンナの同心円的拡大論は，地理を基盤とし，直接経験による郷土学習を重視し，身近な地域から世界までを取り上げる市民的資質育成を目標とする小学校社会科カリキュラムであるといえる。

(5) 同心円的拡大主義の再評価

ハンナの同心円拡大論に対しては，新社会科，グローバル教育，技術指導，歴史復権の4つの立場から批判があったとされる（安藤1993）。これは，「概念的・汎用的知識」「学び方」「現代社会の諸課題に関する学習」「思考・判断・表現や技能などの資質・能力，コンピテンシー」「グローバル人材」「文化・伝統」「歴史学習」などを重視しようとする現在の日本の小学校社会科カリキュラムに対する批判と重なる部分が多い。

澤井（2014）は，次期学習指導要領を見据えて以下の単元構成例を示している。

○3・4年
　「私たちの地域と外国とのつながり」
　「新エネで変わる人々の暮らし」
　「私たちが誇る資源と地域の発展」
　「受け継がれる祭りと新しい祭り」
　「公共施設（市役所等）の仕事」
○5年
　「我が国の領土と豊かな海洋」
　「自然災害と国土の地形や気候」
　「日本の農業の新しい取組」（ニーズ情報の活用，貿易等）
　「世界に誇る日本の工業技術」（先端技術，工場間ネットワーク等）
　「産業に生かされる情報」（交通産業，流通産業等）
○6年

「時代の課題を解決してきた人々とその業績」（大単元）
「2つの東京オリンピック」（国際社会に果たす日本の役割）
「政治の働きの国民参加」（選挙，裁判員制度，税金等）
「少子・高齢化する社会と政治の働き」（年金，社会保障）
「国際協力における我が国の役割，働き」（自衛隊，NGO等）
「国際社会で活躍する日本の人々」（民間企業，NPO等）

　この単元構成例を平成20年版学習指導要領の内容と比べると，自分の住む市区町村や都道府県に関する地誌的内容や世界地誌的内容が削除・縮減されている。同心円的拡大原理に基づきながらも，地理的学習，特に地誌的学習を軽視し，現代社会の諸課題や教育に対する社会的要請を過度に重視して小学校社会科の内容を再構成しようとしていることがわかる。澤井は，「社会科を愛する一個人」としての考えとしているが，立場を考えるとその影響は少なくないと考える。

　このような状況においては，地理教育からの批判のように中学年に世界地誌的学習を導入しても代わりに高学年での世界地誌的学習が削除されることも考えられる。また，昭和52年版学習指導要領のように世界地誌的学習そのものが削除され，第6学年の世界に関する学習の内容が国際協力・国際貢献の学習や環境・人権などの国際的な諸問題の学習等の内容だけになることも危惧される。

　小学校社会科において地理的内容は学習者にどのようにとらえられているのか。佐藤（2015）が大学生を対象に小学校社会科の分野別有用性を調査した結果では，身近な地域の学習と地理的学習の有用性が歴史的学習と公民的学習のそれを大きく上回っている。小学生に対する調査でも，世界地誌的内容の社会問題解決的有用性が非常に高い値を示している（佐藤2013）。学習者である子どもたちは地理的内容に対して意義・価値，有用性を強く感じているのである（第2章）。

　地理的学習は社会を総合的な学ぶ社会科の基礎であり，小学校段階では最も重視されるべき内容である。小学校社会科における地理の基盤性・重要性を考

えたとき，日本の小学校社会科カリキュラム編成原理である同心円的拡大主義が地理を基盤とした公民的資質の育成を最終目標とする社会科カリキュラムであることを再評価すべきである。特に，小学校段階で身近な地域から学習をスタートさせ世界までの空間を取り上げるという点を評価すべきである。地理教育からの同心円的拡大主義批判は，部分修正・弾力化することで対応できるものであり，地理を基盤とする同心円的拡大主義カリキュラムだからこそ実現可能である[1]。世界に関わる学習については，学習時期よりも小学校社会科カリキュラムのなかに世界地誌的学習を位置づけることが重要である。昭和52年版学習指導要領以降軽視されている小学校の世界地誌的学習を充実させ，世界地誌先習という不自然な形になっている中学校地理的分野の学習を改善するためにも，高学年において世界地誌的学習を拡充することが必要である（佐藤2011）。中学年の時期に世界地誌的学習の導入的内容を取り入れられればよりよいが，地歴公の内容のバランスも重要であり，同心円的拡大主義に基づく地理を基盤とした総合社会科としての小学校社会科カリキュラムの全体像を示していくことが大事であろう。

(6) 同心円的拡大主義に基づく小学校社会科の内容の再構成

　地理は社会を総合的に学習する小学校社会科の基盤である。同心円的に拡大する各地域スケールの学習において，最初に基盤的内容として地域の全体的特色を学ぶ地理的学習（地誌的学習）を行い，事例地を取り上げた地理的学習へ展開し，それをもとに歴史的学習および公民的学習へ発展させ，まとめとして社会問題学習を取り上げるというカリキュラム構成を提案した

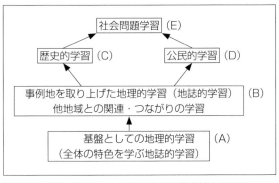

図9.1.1　各地域スケールにおける内容構成基本モデル

い。総合社会科としての小学校社会科の性格を維持しながら中学校との系統性をもたせるには，地理を基盤とした同心円的拡大カリキュラムが効果的である。それを「各地域スケールにおける内容構成基本モデル」としてまとめたものが図9.1.1である。

また，表9.1.1は内容構成モデルに基づいて作成した同心円的拡大主義に基づく地理を基盤とした小学校社会科カリキュラムである。このカリキュラムは，

表9.1.1 同心円的拡大主義に基づく地理を基盤とした小学校社会科カリキュラム

	基盤となる地誌的学習	事例地を取り上げた地理的学習 他地域との関連の学習	歴史的学習，公民的学習 社会問題学習
学区域の学習	①学校のまわりのようす（A）	②地域の人々のくらしを支える商店（B）	③地域のむかしさがし（道具や建築物）（C）
市（区町村）の学習	①市の地理的特色（A）	②地域の特色を生かした農家，工場（B） ③人やものを通した他地域や外国とのつながり（B）	④地域の移り変わり（C） ⑤文化財や年中行事を受け継ぐ（C） ⑥わたしたちのくらしと公共施設（D） ⑦健康で安全な生活を守る（D） ⑧地域の社会問題（現代の開発）（E） ⑨地域のよさの提案（E）
県（都道府）の学習	①県の地理的特色（A）	②県内の特色ある地域の産業と人々のくらし（B） ③県とつながりがある国の人々の生活（B）	④県の成り立ち（C） ⑤地域資源を生かしたまちづくり（D）
日本の学習	①日本の国土の様子（領土，地形，気候）と都道府県（A）	②自然条件から見て特色ある地域の人々の生活と自然災害（B） ③日本の産業・社会（農業，水産業，林業，工業，情報，環境）と日本の諸地域の特色（B）	④日本の歴史と文化（C） ⑤政治の働きと国民参加（D） ⑥わたしたちの生活と日本国憲法（D） ⑦日本が抱える諸問題（E）
世界の学習	①世界の国々と自然のようす（A）	②貿易による外国とのつながり（B） ③アジアの中の日本（B） ④日本と関係の深い国々（B）	⑤国際社会と日本（国際社会で活躍する日本人，国際協力・国際貢献）（D） ⑥これからの日本（E）

平成20年版学習指導要領の内容と比較すると，学区域の学習と市（区町村）の学習とを段階づけて同心円的拡大がより明確になっていること，市（区町村）の学習に社会問題学習を取り入れていること，日本の産業と日本の諸地域に関する学習を合わせて国土・産業学習として再構成していること，日本の歴史の学習を日本の学習のなかに位置づけていること，世界に関する地理的学習が充実していることなどに特徴がある。

(7) おわりに

本章では，同心円的拡大主義の基本的性格が地理を基盤とした公民的資質育成を目標とするカリキュラム原理であることを確認・再評価するとともに，小学校社会科における地理の重要性を指摘し，地理を基盤とした小学校社会科の内容構成基本モデルと具体的なカリキュラムを提案した。

社会が大きく変化するなかで社会科カリキュラムは変革を求められている。日本は法的拘束力をもつ学習指導要領があり，社会科カリキュラム研究は盛んとはいえず，その研究も外国のカリキュラム研究や特定テーマのカリキュラム研究が中心である。カリキュラム研究は教科のあるべき姿を模索する教科の本質に関わる重要な研究である。本稿によって小学校社会科カリキュラムのあり方について議論が生まれ，カリキュラム研究が深まることになれば幸いである。

【注】
(1) 片上 (2003, 2011, 2014) や伊藤 (2004) が同心円的拡大原理に替わるものとして入れ子型カリキュラムを提唱しているが，大きく捉えれば，入れ子型カリキュラムは同心円的拡大原理を修正したものと言える。

【参考文献】
安藤輝次『同心円的拡大論の成立と批判的展開―アメリカ小学校社会科カリキュラム構成原理の研究―』風間書房，1993.2
安藤輝次「同心円的拡大に関する日米教科書の比較―小学校社会科カリキュラム研究（その1)―」『奈良教育大学紀要』54 (1) （人文・社会），pp.83-91，2005.10
伊藤裕康「小学校における地理教育カリキュラムの開発に関する一考察―小学校社会科を中心として―」『香川地理学会会報』No.24, pp.39-46, 2004.6

岩本廣美「世界地誌の導入時期に関する一考察」山口幸男・西木敏夫他編『地理教育カリキュラムの創造』古今書院，pp.205-219，2008.1

牛田伸一・柴山英樹・小笠原喜康・穴田浩一・小林純・夜久武夫「3次元表示装置による地理認識育成プログラムの開発（1）―地域認識の基本問題としての同心円拡大主義に対する批判―」『日本大学文理学部情報科学研究所年次報告書』第4号，pp.58-68，2005.4

片上宗二「二十一世紀社会科の挑戦」社会認識教育学会編『社会科教育のニュー・パースペクティブ』明治図書　p.40，2003.3

片上宗二「内容構成原理と授業論の抜本的な検討に向けて」『社会科教育』№664，p.34，2014.8

片上宗二『「社会研究科」による社会科授業の革新―社会科教育の現在，過去，未来―』風間書房，pp.31-32，2011.9

小原友行「学習指導要領の変遷」朝倉隆太郎他『社会科教育の歴史と展望』現代社会科教育実践講座第20巻，研秀出版，pp.74-84，1991.4

草原和博「地理を基盤とする社会科カリキュラム編成―P．ハンナの再評価―」『カリキュラム研究』第6号，pp.27-39，1997.3

小林信郎『社会科研究入門』明治図書，pp.54-57，1969.10

澤井陽介「新視点で考える教材と授業づくり―小学校社会科の検討課題は何か―」『社会科教育』№664，pp.28-33，2014.8

佐藤浩樹「小学校社会科における世界地誌的学習のカリキュラムと実践」『地理教育研究』第8号，pp.1-9，2011.3

佐藤浩樹「社会科教育の意義・価値についての小学生の意識に関する研究―小学校社会科カリキュラム改善に向けて―」『地理教育研究』第13号，pp.9-16，2013.9

佐藤浩樹「社会科教育の意義・価値に関する大学生の意識―小学校社会科に対する意識を中心として―」『地理教育研究』第16号，pp.17-24，2015.3

武元茂人「Hanna, Sabaroff, Davies, Farvar Geography in the Teaching of Social Studies:Concepts and Skills, 1966」『社会科研究』第19号，pp.95-102，1971.3

寺本潔「地理教育の内容」村山祐司編『21世紀の地理―新しい地理教育―』朝倉書店，pp.79-99，2003.11

山口幸男「初期社会科における世界的内容の扱い」『群馬大学教育学部紀要　人文・社会科学編』第39巻，pp.313-330，1989.3

山口幸男『社会科地理教育論』古今書院，pp.108-111，2002.10

山口幸男他編『地理教育カリキュラムの創造―小・中・高一貫カリキュラム―』古今書院，2008.1

山口幸男「同心円的拡大主義と生活経験主義によるカリキュラム」中村和郎他編『地理教育の方法』古今書院，pp.375-384，2009.1

山根栄次「社会集団拡大法の論理―同心円的拡大論の再構成―」『社会科教育研究』第48号，pp.29-40，1982.9

第10章

平成29年版小学校社会科学習指導要領の内容構成に関する考察—地理的な視点から—

(1) はじめに

　平成29年版小学校社会科学習指導要領（以下，新学習指導要領）では，中学校社会科との系統性をふまえ，小学校社会科の内容の枠組みを，①地理的環境と人々の生活，②歴史と人々の生活，③現代社会のしくみや働きと人々の生活という3つの枠組み（以下，①地理，②歴史，③公民）に位置づけ，①と②は空間的な広がりを念頭に地域，日本，世界と，③は社会的事象について経済・産業，政治および国際関係と対象を区分した。これは，小学校社会科の内容構成にとどまらず，同心円的拡大主義に基づく総合社会科であるとされる小学校社会科カリキュラムの根本的な考え方に関わる大きな変革である。しかし，新学習指導要領への関心は資質・能力の育成を重視した社会科授業のあり方や新設された内容の教材開発・授業実践の創出に向けられ（安野他2017，北・加藤編2018，木村2018，戸田2018など），自都道府県学習の内容構成について考察している佐藤（2017），群馬社会科教育学会（2018）を除くと，新学習指導要領の内容構成に対する論及は少ない。そんななか，永田（2018）は，小学校社会科の内容が3つの区分で示されたことに対して，第3学年の内容や第6学年の国際理解の内容を取り上げて考察して，地理的環境を自然環境との関わりから限定的にとらえる傾向があることを指摘し，総合社会科として3つの内容区分をどう関連づけるか考える必要があるとしている。永田の指摘は小学校社会科のあり方に関わる重要な問題であり，本章では，永田の指摘もふまえて小学校社会科新学習指導要領の内容構成について，地理的内容を中心に考察して問題点を指摘し，小学校社会科の内容構成改善の方向性を示したい。

(2) 内容の3つの枠組み

新学習指導要領では，各学年の内容が①地理，②歴史，③公民の3つの枠組みのどこに位置づくのか示されている。これは小学校社会科の現状に即して内容構成を整理したものであり，中学校との系統性・発展性が明確に示され内容構成がわかりやすくなったといえる。

各学年の内容構成をみると，第3学年では自分たちの市を中心とした地域，第4学年では自分たちの県を中心とした地域の社会生活を総合的に理解できるようにすること，第5学年では，我が国の国土と産業の様子や特色を総合的に理解できるようにすることとある。地域にみられる社会的事象を総合的にとらえるという総合社会科としての小学校社会科の性格は変質させず，内容の系統性・発展性を示したカリキュラムとなっている。しかし，各学年の内容の位置づけを見ると，社会的事象を総合的にとらえるという点は不十分であると考えられる。

第3学年の内容は，以下の項目から構成されている。

　　(1) 身近な地域や市区町村の様子・・・・・・・・・・・・・・・・・・・①地理
　　(2) 地域に見られる生産や販売の仕事・・・・・・・・・・・・・③公民
　　(3) 地域の安全を守る働き・・・・・・・・・・・・・・・・・・・・・・・③公民
　　(4) 市の様子の移り変わり・・・・・・・・・・・・・・・・・・・・・・・②歴史

また，第5学年の内容は，以下の項目から構成されている。

　　(1) 我が国の国土の様子と国民生活・・・・・・・・・・・・・・・・①地理
　　(2) 我が国の農業や水産業における食料生産・・・・・・・③公民
　　(3) 我が国の工業生産・・・・・・・・・・・・・・・・・・・・・・・・・・③公民
　　(4) 我が国の産業と情報との関わり・・・・・・・・・・・・・・・・③公民
　　(5) 我が国の国土の自然環境と国民生活の関わり・・・・①地理および③公民

第3学年(2)「地域に見られる生産や販売の仕事」，第5学年(2)「我が国の農業や水産業における食料生産」，(3)「我が国の工業生産」の内容はいずれも③公民に位置づけられている。しかし，第3学年(2)は産地の分布や他地域や外国との関わり，第5学年(2)は生産物の種類や分布，生産量の変化，

輸入など外国との関わり，(3) は工業の盛んな地域の分布，交通網の広がり，外国との関わりなどの地理的内容を含むものである。確かに第3学年 (1) (2) および (4)，第5学年 (1) から (4) は主として区分される内容とされ，小・中学校社会科における内容の枠組みと対象が示された図によれば，先に述べた内容は副次的に取り上げる内容として，①地理も含むのとされている。しかし，例えば第5学年 (2)「我が国の農業や水産業における食料生産」の内容は，農業について学習するのではなく，農業のさかんな地域について学習する事例地学習である。この内容は，産業学習であると同時に国土学習であり，地理的要素が強い学習である。学問的背景を考えるならば農学や農業経済学などではなく，農業地理学を基盤とするものである。地理的内容を副次的な扱いにするのではなく，国土学習と産業学習の性質をもつ学習として①および③と示すべきであろう。第3学年 (2)「地域に見られる生産や販売の仕事」，第5学年 (3)「我が国の工業生産」も同様である。

　新学習指導要領について，永田は地理的環境を自然環境との関わりから限定的にとらえていると述べている。先に述べた第3学年 (2)，第5学年 (2) (3) の内容が③公民とされ，第5学年 (5)「我が国の国土の自然環境と国民生活の関わり」の内容のみが①地理および③公民となっていることが象徴的である。小学校社会科は，それぞれの地域スケールにおいて地域を総合的に学習するものであり，その基盤は地理的内容にある。新学習指導要領は，全体に地理を矮小化してとらえ，地理的内容が軽視されている点に問題があると考える。

(3) 空間的な広がり

　小学校社会科のカリキュラム構成原理は同心円的拡大主義であるとされているが，学習指導要領で明確に示されたことはなかった。同心円的拡大主義の意義を社会集団の拡大という側面から強調した議論はあったが，空間的拡大という側面については批判が絶えなかった。新学習指導要領でカリキュラム構成原理として「空間的な広がり」を示したのは大きなことであり，同心円拡大的に第3学年では市，第4学年では県を中心とした地域の社会生活を，第5学年で

は国土と産業の様子や特色を総合的に理解すると明確に示されたのは画期的なことである。しかしながら、①地理と②歴史について空間的広がりを念頭におき、③公民を経済・産業、政治および国際関係と対象を区分するとして別の原理で構成しているのは統一性を欠いている。小学校新学習指導要領の③公民の内容構成は、基本的には空間的な広がりを念頭においたものになっている。

　③公民の構成原理を経済・産業、政治および国際関係としたのには、2つの理由があると考えられる。第1は、小・中学校の系統性を重視しているためであろう。③公民の内容構成は、小学校では経済・産業、政治及び国際関係という内容から構成されてはいるが空間的拡大という側面が強いのに対し、中学校では経済・産業、政治及び国際関係という領域別の内容が明確である。中学校との系統性に重きをおくために、①地理、②歴史、③公民の内容を地域スケールごとに総合的に学習するという総合社会科としての小学校社会科の性格が不明瞭になってる。

　新学習指導要領では、カリキュラム原理として同心円的拡大という語を用いていない。しかし、空間的拡大を念頭におくとしているのは、同心円的拡大主義の最大の特徴と重なる。空間の拡大を重視する同心円的拡大主義は、地理を基盤とし、直接経験による郷土学習を重視し、身近な地域から世界までを取り上げる市民的資質育成を目標とする小学校社会科カリキュラムである（佐藤 2016）。小・中の系統性・発展性をもたせながら、総合社会科としての小学校社会科、分野別社会科としての中学校社会科という基本的性格を明確にすべきである。すなわち、小学校社会科を、①地理、②歴史、③公民とも空間的広がり（同心円的拡大主義）をカリキュラム構成原理とし、市区町村、都道府県、国土、世界の各地域スケールについて、地域全体の地理的特色の内容を基盤として、地理、歴史、公民の内容から地域について総合的に学ぶものとすべきであろう[1]。

　第2は、③公民も空間的拡大を念頭におくと、第6学年（1）「我が国の政治の働き」における地方公共団体の政治の内容が同心円的拡大主義の原理に収まらないことである。このことについては、従来の学習指導要領と変わることで

はない。空間的拡大をカリキュラムに厳格に適用することについては批判が絶えないところであり，高学年において身近な地域や市区町村の社会問題を取り上げることは重要なことである。小学校社会科は③公民も含めて空間的拡大をカリキュラム原理の基本としながら，スパイラル的な要素を取り入れるとともに，内容の取り扱いとして弾力的な内容構成を積極的に認めるべきである。第3学年を市を中心とした学習，第4学年を県を中心とした学習として空間的拡大を明確化にしたことで課題が生じていることもある。

(4) 中学年社会科の内容構成
①フィールドワーク学習の縮減

平成20年版と平成29年版の学習指導要領における社会科の総時数，学年別時数は変わっていない。そのなかで中学年社会科には，第4学年(3)「自然災害から人々を守る活動」の内容が新設された。その分内容が縮減されたのは，第3学年(1)「身近な地域や市区町村の様子」である。この内容は，内容の取り扱いにおいて「自分たちの市」に重点をおくように配慮するとあり，今まで社会科第1単元として位置づいていた「身近な地域の様子」の内容は大幅に縮減されることになった。端的にいえば中学年社会科において，身近な地域の様子を学ぶ地理的内容が大幅に縮減され，地域の防災学習が新設されたのである。

社会科第1単元について，「入門期の社会科学習は，地理的学習という視点に立った"地域がわかる地域学習"よりも『社会研究科』の視点に立った"社会がわかる地域学習"が望ましい」とした片上(2010)の提案に対して，佐藤(2014)は，「フィールドワークを通して地域の様々な事象と出会い，地域の人と触れあい，地域のよさを考えて提案するような社会参画の視点を取り入れた身近な地域の学習こそが社会科の第1単元としてふさわしいのであり，このような学習を通して地域を全体的・総合的に理解することが社会を理解するということなのである」と述べている(第2章第1節)。これは，社会科第1単元としての身近な地域の学習の重要性を述べたものである。身近な地域の様子の学習に対しては，学習指導要領改訂に対する要望として，生活科の町探検の学習

と重なるという理由から削除する単元とする意見もあり、どのような改訂が行われるか注目されたが、新学習指導要領では身近な地域の学習が大幅に縮減され、身近な地域の学習軽視という危惧が現実のものとなった。

　中学校・高等学校の地理学習では、巡検・フィールドワーク学習が重視されながらも実施率が低い傾向にある（宮本2009，松岡・今井他編2012）。第3学年の身近な地域の様子の学習は、野外調査・フィールドワークの基礎を培う大切な内容であったが、小学校においても野外に出て地域の様子を直接観察・調査し、地域を実感的に理解するフィールドワーク学習が縮減されることになる。このことは、大きな課題だと指摘しておきたい。

　一方、新設された防災に関わる内容は第5学年にも第6学年（選択）にもあり、中学校の地理的分野にも高等学校の地理総合にもある。さらにいえば社会科以外の教科でも防災に関わる内容は取り上げられる。自然災害が多発する近年の日本の現状から考えると、過去に県内に発生した自然災害を取り上げ、関係機関の協力などを学ぶ「自然災害から人々を守る活動」の内容が大事なことは否定しないが、第5，6学年の自然災害の防止や復旧の内容と関連させて構成できる内容である。防災に関する内容は県の学習よりも市の学習で行う方が適切であると考える。第3学年の身近な地域の学習において、地形や土地利用の様子を調べ、自分たちが住む地域の特色について防災の視点から考えたり、防災に関わる市（役所）の働きを調べたりする学習を行いたい。2017（平成29）年の学習指導要領改訂で身近な地域の様子の内容が縮減されたことは、地域の防災学習の観点からも課題である。

②市の学習と県の学習

　新学習指導要領では、第4学年（4）「県内の伝統や文化、先人の働き」の内容が県に関わる歴史的内容として改編・新設された。旧学習指導要領では地域に残る文化財や年中行事について実際に保存・継承に取り組む人への聞き取りや交流を通して、自分も地域の一員として主体者意識をもって保存・継承について考えることができた。しかし、県内の文化財や年中行事を取り上げると直接的に調べることが難しくなり、県内の他地域の文化財・年中行事の保存・継

承の取り組みの事例を客観的に理解するにとどまることが危惧される。第3学年において身近な地域・市に残る文化財や年中行事について学ぶ方がよいのではないかと考える。

　新設された内容は、個別の文化財や年中行事について学ぶのではなく、群馬県であれば、冬のからっ風や乾燥という県全体に関わる事象に由来する文化的特色を取り上げたうえで、その特色に沿った事例となる文化財や年中行事について詳しく学ぶという単元構成を期待したい。具体的な事例については、自分が住む市の文化財や年中行事を取り上げてもいいとすべきであろう。第4学年の県に関わる歴史的内容は、県内の伝統や文化、先人の働きではなく、「県の歴史」という内容が望ましいと考える[2]。

　また、第3学年の(4)「市の様子の移り変わり」において、時期による違いの視点として人口が取り上げられ、少子高齢化や国際化などに触れ、これからの市の発展について考えることができるように配慮することが示された。この内容は現代社会の課題に対応した重要な内容であるが、第3学年には高度すぎるのではないだろうか。区市町村による人口についての現状が違いすぎることも課題である。

　人口の推移は小学校で歴史的内容を取り上げる視点として有効であるが、第4学年に「都道府県の歴史」の内容を設定して都道府県の人口を取り上げ、人口の推移を都市や産業と関連させて考え、県の歴史を理解させたい。市の人口については、県の人口推移の現状を理解したうえで、自分の住む区市町村の人口に関わる諸課題やこれからの発展について考えるようにしてもいいのではないか。

　新学習指導要領では、第3学年を市を中心とした学習、第4学年を県を中心とした学習と明示されたが、中心としたという語が附してあることを確認しておきたい。文化財・年中行事や人口について述べたように、市と県における内容の取り上げ方は弾力的とし、市と県の学習を関連づけて単元構成できるようにすることが望ましいと考える。

(5) 世界地誌的学習

　第6学年（3）「グローバル化する世界と日本の役割」の内容は③公民とされている。しかし，日本とつながりが深い国の人々の生活の様子を調べ，日本とは異なる文化や習慣を尊重しあうことをねらいとする（3）（ア）「外国の人々の生活の様子」は，世界地誌的学習の導入単元であり，地理的内容であると考える。第6学年（3）（ア）の内容は，中教審答申で示された系統図では①地理とされていたが，新学習指導要領では国際交流に力点がおかれ，世界地誌的学習としての性格が弱くなり，③公民と位置づけられた。

　小学校社会科における世界地誌的学習は，1977（昭和52）年の学習指導要領改訂で第6学年の社会科の時数が140時間から105時間に減少した際に，「世界の諸地域」よりも「日本の歴史」のほうが重視されたことを理由に削除された（朝倉1988）。第6学年の世界地誌的学習は平成元年版学習指導要領で復活し，それ以降も小学校社会科における世界地誌学習の充実が主張され続けられたが，新学習指導要領では再び軽い扱いとなっている。

　澤井は，2014年に次期学習指導要領を見据えて単元構成例の私案を示している。そこでは，第6学年の国際理解に関わる内容は，以下の2点である。

　○「国際協力における我が国の役割，働き」（自衛隊，NGOなど）
　○「国際社会で活躍する日本の人々」（民間企業，NPOなど）

　ここには，世界地誌的内容は含まれていない。第6学年（3）「グローバル化する世界と日本の役割」の内容を③公民として構成したいという意図が強く表れている。また，第3，4学年においては，自分の住む市区町村や都道府県に関する地誌的内容も削除・縮減された提案となっている。同心円的拡大原理に基づきながらも，地理的学習，特に地誌的学習を軽視し，現代社会の諸課題や国・地方公共団体の働き，教育に対する社会的要請を過度に重視して小学校社会科の内容を再構成しようとしている。今回の新学習指導要領は，この方向性で改訂されたことがうかがえる。佐藤（2016）は，澤井の提案など地理を軽視する主張がなされる状況に対して，「地理教育からの批判のように中学年に世界地誌的学習を導入しても代わりに高学年での学習が削除されたり，昭和52

年版学習指導要領のように世界地誌的学習そのものが削除され，第6学年の世界に関する学習の内容が国際協力・国際貢献の学習や環境・人権などの国際的な諸問題の学習等の内容だけになることも危惧される」と述べたが，新学習指導要領ではそれに近い現状となり，世界地誌的内容は平成元年の学習指導要領改訂後では最も軽い扱いとなっている。

　第6学年（3）の内容において世界地誌的内容が縮減され，国際交流や国際協力・国際貢献が中心的な内容となることは，小学校における世界に関する学習が国際的な社会問題・環境問題などからスタートすることになり，西岡（2005，2007）が指摘するように世界地誌的学習の導入としてはふさわしくないと考える[3]。小学校社会科において世界に関わる学習は重要であるが，その内容は異文化理解を通した自分とは異なる他者・他国を理解しようとする態度形成を中心的なねらいとする学習とすべきである。さらに述べるならば，佐藤（2011）で提案したように，例えば第5学年に，世界の自然環境，貿易による外国とのつながり，アジアのなかの日本，日本と関係の深い国々などの内容からなる単元「世界の国々と人々のくらし」を設定し，第6学年で国際交流や国際貢献などの国際社会に関わる学習を展開するのがよいと思われる（第7章第1節）[4]。

(6) おわりに

　社会科・社会系教科においては，2018（平成30）年の学習指導要領改訂は高等学校で地理総合，歴史総合，公共の必履修化という大きな変化がみられた。一方，小・中学校では育成をめざす資質・能力（3つの柱）に基づいて目標・内容を再整理するとされたが，内容については大きな変化はなかったとされる。しかし，新学習指導要領の内容構成について，内容の3つの枠組み，空間的な広がり，中学年社会科，世界地誌的学習を取り上げて地理的内容を中心に考察を行った結果，中学校との系統性に重きをおいたため同心円的拡大主義に基づく総合社会科としての小学校社会科の性質が弱められていること，地理的環境を自然環境として矮小化してとらえて地理的内容（特に地誌的内容）を軽視し，

現代社会の課題への対応を過度に重視した内容となっていることが明らかになった。特に第3学年の「身近な地域の様子」と第6学年の「日本と関係の深い国々」の内容の縮減は大きな課題であることを指摘した。社会科は現代社会に生きる子どもたちを育てる中心教科としての使命があり，現代社会の課題を取り上げることは必要であるが，地理的内容は地域・社会を理解し，現代社会における課題について考えていくうえでの基盤となるものであり，小学校社会科では重視すべき内容である。

　新学習指導要領の考え方を咀嚼し，新しい時代に向けた授業を創出して，子どもたちによりよい社会科教育実践を行うことは社会科教育研究にたずさわる者にとって最も重要なことであろう。しかし，それと同時に，学習指導要領の考え方やそれに基づく内容構成が本当にそれでいいのか絶えず批判的に検討し，よりよい社会科カリキュラムのあり方を追求する姿勢も，日本の社会科教育の発展のために必要なことである。本稿が小学校社会科カリキュラムのあり方についての議論を広げるきっかけになることを願っている。

【注】
(1) 地理を基盤とした小学校社会科カリキュラムの詳細については佐藤（2016）に詳しい。地理を基盤とした各地域スケールにおける内容構成基本モデルを提示している（第9章）。
(2) 佐藤（2017）および群馬社会科教育学会（2018）で新学習指導要領における自都道府県学習の内容構成について考察し，第4学年で「都道府県の歴史」の内容を取り上げることを提案している。
(3) 小学校における世界地誌的学習のカリキュラムについては佐藤（2011）で詳しく述べている。小学校5年3学期に「世界の国々と人々のくらし」という単元を設定することを提案している（第7章）。
(4) 西岡（2005，2007）は「第三世界がネガティブに彩られることを小学校段階の教科書では意識的に避けることを提案したい。小学校6年生は世界地誌スタートという大切な意味を持つ。この重要な時期に貧困，飢餓，難民という重いテーマを唐突に突きつけるのは好ましくない」「世界地誌でも，入門者には，「入門しやすいテーマ＝文化的な事例」（例えば家族，市場風景，町並み，学校の様子，スポーツ）から，「応用問題テーマ＝経済活動から発生する社会問題・環境問題など」へと，段階的に学習を進める必要がある」と述べ，小学校段階における世界地誌の学習は異文化理解から導入することが重要であることを指摘している。

【参考文献】

朝倉隆太郎「地理教育の現状と課題」井上征造他編『探究　学校の地理』古今書院，pp.6-10，1988.11

木村勝彦「学習指導要領の改訂と社会科教育の課題」『茨城大学教育学部紀要　教育科学』67，pp.19-32，2018.1

北俊夫・加藤寿朗『平成29年版小学校新学習指導要領の展開』明治図書，2018.1

群馬社会科教育学会「群馬県学習のカリキュラム開発に関する中間経過報告—日社学大会での発表の概要—」，『群馬社会科教育研究』第6号，pp.41-44，2018.1

佐藤浩樹「小学校社会科における世界地誌的学習のカリキュラムと実践」『地理教育研究』第8号，pp.9-17，2011.3

佐藤浩樹「入門期における小学校社会科学習の課題とあり方—身近な地域の学習の意義と重要性—」『地理教育研究』第15号，pp.10-17，2014.10

佐藤浩樹「同心円的拡大主義の再評価—地理を基盤とした小学校社会科カリキュラムとして—」山口幸男他編『地理教育研究の新展開』古今書院，pp.208-218，2016.11

佐藤浩樹「小学校社会科新学習指導要領における自都道府県学習の内容構成に関する考察」『地理教育研究』第21号，pp.29-32，2017.10

澤井陽介「新視点で考える教材と授業づくり—小学校社会科の検討課題は何か—」『社会科教育』No.664，pp.28-33，2014.8

戸田浩暢「小学校社会科の内容の見直しに係る考察」『幼児教育心理学科研究紀要』(4)，pp.35-42，2018.3

永田成文「小学校における総合社会科としての問題解決的な学習」『社会科教育』No.709，pp.98-101，2018.5

西岡尚也「新旧教科書『小学校社会科6年下』にみるアフリカ記述の課題—開発教育の視点から—」『新地理』第53巻第1号，pp.1-17，2005.6

西岡尚也『子どもたちへの開発教育　世界のリアルをどう教えるか』ナカニシヤ出版，2007.4

松岡路秀・今井英文他編『巡検学習・フィールド学習の理論と実践　地理教育におけるワンポイント巡検のすすめ』古今書院，2012.12

宮本静子「中学校社会科地理的分野の「身近な地域」に関する教員の意識」，『新地理』第57巻第3号，pp1-13，2009.12

文部科学省『小学校学習指導要領（平成29年告示）解説社会編』日本文教出版，2018.2

安野功他『平成29年版小学校新学習指導要領ポイント総整理』東洋館出版社，2017.9

あとがき

　本書は，小学校社会科カリキュラムに関する研究論文を身近な地域の学習，都道府県学習，国土学習，世界に関する学習のスケールごとに整理するとともに，社会科に関する有用意識，社会参画学習，同心円的拡大主義などの観点から小学校社会科カリキュラムについて検討し，そのあり方を提案したものである。本書は精緻なカリキュラム研究ではないが，研究のための研究ではなく，できるだけ具体的なカリキュラム案を示すようにした。地理を基盤とした小学校社会科カリキュラムの新構想を示すことができたのではないかと考えている。

　社会科教育カリキュラム・地理教育カリキュラムへ関心をもつようになったのは，山口幸男先生に勧められて「日本地理教育学会小・中・高一貫カリキュラム研究グループ」に参加したことがきっかけである。学級担任を離れて社会科授業を担当する機会が限られるようになり，社会科授業実践研究を思うようにできなくなっていた時期だったため，研究の主軸をカリキュラム研究へ移した。以来約10年間，小学生に社会科でどんな内容を学ばせるべきであるかを考え，小学校社会科教育カリキュラムについて研究を重ねたきた。本書はその研究結果をまとめたものである。

　2007年11月に地理教育専門の学会として全国地理教育学会（山口幸男会長）が立ち上げられた。全国地理教育学会がなければ本書を完成することはできなかったといっても過言ではない。本書のもとになった論文の多くは『地理教育研究』（全国地理教育学会）に発表したものである。全国地理教育学会で優秀賞をいただいたことも研究を進めるうえでの自信になり励みにもなった。

　本書がまとめられたのは大学時代からの恩師であり，全国地理教育学会の会長である山口幸男先生のおかげである。本書は先生の研究テーマの1つである地理教育カリキュラム研究に，小学校社会科地理教育を対象として取り組んだ結果である。私のささやか研究に対して常に指導・助言をいただき，本書をま

とめることができた。改めて感謝の意を表したい。また、全国地理教育学会の活動を通じて知り合った先生方からは多くのことを学ぶとともに大いに刺激を受け、研究を進める原動力になった。一人ひとりお名前をあげることはできないが、この場を借りて感謝の言葉を述べたい。ありがとうございました。

　2013年4月、27年間の小学校教員生活にピリオドを打ち、まったく未知の地であった神戸で大学教員として研究生活をスタートさせた。不安な気持ちで神戸を訪れた私を温かく迎えてくれた神戸女子大学教育学科の先生方には感謝の気持ちで一杯である。優秀でやる気ある学生に囲まれ、小学校教員をめざしてがんばるゼミ生の姿に刺激を受けて、やりがいをもって研究と教育に取り組み、神戸へ来て7年目にしてようやく本書を完成することができた。小学校社会科カリキュラムのあり方について本にまとめようと考えてからかなり時間がかかってしまい、その間に平成29年版学習指導要領が出されたため、やや古い記述になった部分もあるが、本書で提案した主張は現在でも意味あるものだと考えている。

　私事になるが、長年にわたって教育・研究活動を支えてくれた妻や子どもたちにも感謝したい。群馬と神戸を往復しながらの研究活動は大変ではあるが、これからの小学校社会科カリキュラムのあり方を模索し、研究を続けていきたい。

　最後に本書の刊行に際しては学文社編集部二村和樹氏にはたいへんお世話になりました。心からお礼を申し上げます。

2019年5月

　　　　　　　　　　神戸女子大学A館218研究室にて

　　　　　　　　　　　　　　　　　　　　　　　　　佐藤　浩樹

索 引

──────── あ行 ────────

アイデンティティ　25,26,44,83,88,89,91,94,95,97
アメリカ横断鉄道　155,160,169
ESD　25,67
イギリス　3,131,148
一般的共通性　90
異文化理解　183
入れ子型カリキュラム　5
岩倉使節団　154-156
A高校跡地利用問題　59,60
主な国々の名称と位置　116,117,128,134,136,138-140,165

──────── か行 ────────

学問体系　163
学区域の学習　51,53,172
カリキュラム開発　1,2,6
カリキュラム研究　1-3,5,7,8,173
カリキュラム構成原理　5,6,177,178
環境基盤論　123
間接的社会参画学習　69-71
生糸　157-159
キャリア教育　119
行政区域　85
郷土の発展に貢献しようとする態度　44
空間的拡大　91,165,166,177-179
系統学習　85
結節地域的な見方　90,92,93
現代社会の諸課題　163,169,182
現代の開発　80,81
公民的資質　54,58,166,171,173
国土学習　7,20,99,100-102,116,117,121,123-126,128,132,140,146,177
国土・産業学習　20,21,106,119-122,138,139,173
国土の意味　123

──────── さ行 ────────

参画意識　48
参加・参画の段階・場　59,60,62,65
産業学習　20,99,101,105,113-121,123,128,177
シークエンス　3,163,164
思考による参加・参画　59,69
仕事　20
実感的地域　43
自都道府県学習　7,84,85,87-91,93,97,165,175
シミュレーション紀行　145-147
シミュレーション旅行計画　145
シミュレーション旅行法　145,147,151
社会科教育の意義・価値　10,12,22,23,26,27,38,39
社会科の全体像　4,6
社会機能法　163
社会形成力　60,67-69
社会参画の視点を取り入れた学習　69,70,74
社会集団拡大　91,165-177
社会的実践力　69,75,77
社会認識　54,58,69,
社会問題解決的有用性　12,14,20,25,31,32,38,46,170
社会問題学習　3,171,173
初期社会科　4,85
所属意識　89
人口　3,85,89,92,94,95,181
水上のシルクロード　158
スエズ運河　155,159,160
スコープ　3,163
生活経験領域　43
生活実用的有用性　12,14,16,19,25,31,32,36,38,39,46
精神の根源感情　44
世界ジオパーク　132
世界地誌的学習　20,93,134,136-138,143,146,151,165,167,170,171,183

189

世界の主な大陸と海洋　116,117,134,136,138-140,165
世界の国々と人々のくらし　140,142,143,147,183
全体地域と部分地域　89,91
総合社会科　171,175,176,178,183

──────── た行 ────────

大単元と小単元　81
太平洋汽船　159
多角的同心円拡大法　2
多焦点型内容構成　5
地域意識の発達傾向　15,57,59,62,66,71
地域イメージ　96,138
地域区分　91-93
地域スケール　91,171,172,177,178
地域尊重の精神　70,71,75
地域的個性創造の精神　70,71,75
地域の発展に尽くした先人の働き　142
地域の未来を考え提案する社会科学習　78
地域のよさ　47,49,50,62,63,71,73,82,179,180
地域ブランド調査　96,97
地域への愛着　33,47
地図帳活用　8,120,146,153-156,160,161
地方的特殊性　90
直接的社会参画学習　69-71
地理的意識の爆発期　103
地理を基盤とした小学校社会科カリキュラム　8,134,140,142,168,171
地理を学ぶ意味　20,23
地歴連携　161
提案　49
T競馬場跡地利用問題　78,79,81
同心円的拡大主義　5,8,91,137,138,140,163-168,170-173,175-178
東北地方太平洋沖地震　122
都道府県の歴史　93,94,181

富岡製糸場　156-159

──────── な行 ────────

内容構成基本モデル　172,173
日本から海外へのシルクロード　160
日本大学附属豊明小学校カリキュラム　50
日本地理かるた　7,101,102,104-107,110-112
　──完成記念公開授業　110
日本らしさ　128,130
入門期の社会科学習　42,43,45,49,50-54,179
人間形成の基盤　44,45,98
人間存在論的有用性　12,14,16,20-22,25,31,32,38,46,48

──────── は行 ────────

白地図　100,101,103,104,155
発信・行動による参画　59,69,75
ハンナ，P.　163,167-169
PISA型読解力　77
フィールドワーク　33,45,47,48,50,51,82,179
防災を考えたまちづくり　124,133
ホームステイ　146,147,149-151

──────── ま行 ────────

問題解決学習　85

──────── や行 ────────

47都道府県の名称と位置　99-107,116
4段階3形態モデル　138

──────── ら行 ────────

旅行　4,145,146
旅行体地誌　145
ルート　154-161
歴史を学ぶ意味　21,23,37

【著者略歴】

佐藤　浩樹（さとう　ひろき）

　　1963年2月　　群馬県高崎市生まれ
　　1986年3月　　群馬大学教育学部社会科専攻卒業
　　1986年4月　　群馬県前橋市，安中市の公立小学校教諭（27年間）
　　1996年3月　　上越教育大学大学院教科・領域教育専攻社会系コース修士課程修了
　　2013年4月　　神戸女子大学文学部教育学科准教授

著書
『地域の未来を考え提案する社会科学習』（単著）学芸図書，2006.5
『現代群馬の郷土教材探求』（共著）あさを社，2001.3
『社会科教育と地域・国際化』（共編著）あさを社，2005.10
『地理教育カリキュラムの創造―小・中・高一貫カリキュラム―』（共著）古今書院，
　　2008.1
『初等社会科教育研究』（共著）学芸図書，2009.3
『社会科授業力の開発　小学校編』（共著）明治図書，2010.10
『社会科教育・地理教育の理論と実践』（共著）古今書院　2012.3
『地理教育研究の新展開』（共編著）古今書院，2016.11

小学校社会科カリキュラムの新構想
―地理を基盤とした小学校社会科カリキュラムの提案―

2019年7月26日　第1版第1刷発行

著者　佐藤　浩樹

発行者　田中　千津子

〒153-0064　東京都目黒区下目黒3-6-1
電話　03（3715）1501（代）
FAX　03（3715）2012
http://www.gakubunsha.com

発行所　株式会社　学文社

© Hiroki SATO　2019

印刷　亜細亜印刷

乱丁・落丁の場合は本社でお取替えします。
定価は売上カード，カバーに表示。

ISBN 978-4-7620-2913-4